现代教育管理创新研究

陈 武◎著

吉林人民出版社

图书在版编目（CIP）数据

现代教育管理创新研究 / 陈武著．-- 长春 ： 吉林
人民出版社，2023.1
　　ISBN 978-7-206-19801-4

　　Ⅰ．①现… Ⅱ．①陈… Ⅲ．①教育管理－研究 Ⅳ．
① G40-058

　　中国国家版本馆 CIP 数据核字（2023）第 022795 号

现代教育管理创新研究
XIANDAI JIAOYU GUANLI CHUANGXIN YANJIU

著　　者：陈　武
责任编辑：张　草　　　　　　　封面设计：文　亮
吉林人民出版社（长春市人民大街 7548 号　邮政编码：130022）
印　　刷：廊坊市广阳区九洲印刷厂
开　　本：787mm×1092mm　　　　1/16
印　　张：9.25　　　　　　　　字　　数：150 千字
标准书号：ISBN 978-7-206-19801-4
版　　次：2023 年 1 月第 1 版　　印　　次：2023 年 1 月第 1 次印刷
定　　价：68.00 元

如发现印装质量问题，影响阅读，请与印刷厂联系调换。

前　言

　　教育思想观念的转变是一个过程。高校教育的整个过程中都必须不断转变教育思想观念，保持教育思想观念的不断变革和及时更新，这是高校改革与发展的"发动机"。教育思想观念的转变总是以管理思想的变革为先导，用教育管理的改革来统筹和引导。教学管理制度是一种稳定、规范的特有教育资源，为人才培养提供了一种质量保证的组合模式和激励约束机制。创新教育教学管理的目标就是从传统的管理制度向现代化的、先进的、科学的管理制度转变，实现制度创新，真正实现由管理者向学生本位转变。

　　创新人才培养是建设创新型国家的关键，而现代教育管理则是实现这一目标的基础，应在"以人为本、整合培养、求是创新、追求卓越"的教育理念指导下，以提升教育教学质量为核心，以激发学生自主学习、个性发展为主线，对教育教学的全过程进行以管理创新为中心的改革和探索；不断完善教育教学制度，改革人才培养模式，加强教育教学质量监控，努力实现更加个性化、柔性化、研究化的教育教学，着力培养适应社会需求的高素质创新人才。

　　另外，本书在写作过程中参阅了相关的著作，引用了专家及学者的研究成果，在此表示最诚挚的谢意。由于时间仓促，作者水平有限，本书难免会有错误和不当之处，恳请广大读者在阅读时多提宝贵意见，以便本书日后的修改与完善。

陈武

2022 年 6 月

目　录

第一章 现代教育教学管理的理论研究

第一节 高校教育教学管理观念

随着时代的进步与发展，社会各个领域发生着重大的变化，高校教育教学管理也不例外，对高校教育教学管理质量提出越来越高的要求。面对全新的发展形势，高校加强对教育教学管理观念的变革与创新是非常必要的，因此，要在推进高校朝着现代化方向发展的同时，提升高校人才培养的质量，从而满足社会发展对优秀人才的需要。

在新形势下，高校要具备与时俱进的意识，紧跟时代的发展步伐，根据社会发展需要变革教育教学管理理念，全面落实人才培养工作，将学生培养成为社会发展需要的复合型人才，从而为我国社会经济建设的进步与发展奠定坚实的人才基础。

一、顺应时代发展需要，加强对教育教学管理观念的创新

随着经济全球化的深入，高校要紧跟时代发展步伐，加快变更教育教学管理观念，根据市场发展需要制订人才培养方案。一直以来，我国高度重视高校教育教学改革工作，并出台了相关的支持政策。在国家大力支持下，高校的教学质量意识不断增强，积极地推进教育改革步伐，并制订科学的人才培养计划。由此可以看出，高校教育教学改革工作要与时代相接轨，根据社会发展需要形成现代化管理思想，大力创新教育教学管理方式与内容。同时，高校要以时代发展为基础，建立可持续管理制度，在保证管理质量与水平的同时，实现教育教学目标。

二、建立健全教育教学管理系统，加强对教育教学管理制度的创新

高校在开展教育教学改革过程之中，要以工作决策、工作执行、工作监控以及信息反馈等方面为着力点，从整体上优化教学管理工作。对于高校的教育教学管理而言，其关键是要注重各个系统优势的发挥，加强各系统的协调与互动，确保系统整体功能的有效发挥。高校可以从以下几个方面入手建立健全教育教学管理系统。

首先，提高教学管理设计水平，落实检查、监控、评估以及反馈等方面工作；其次，加强教学评价管理，充分发挥教学评价的重要价值；再次，加大对教学质量监控力度，强化对学生的引导，重点激发出学生的学习兴趣；最后，教学管理工作要体现出学校主体性，充分发挥学校的主导作用。

高校在教育教学创新与改革中，要重点加强对管理制度的创新，制定出弹性管理模式，保证教育教学管理工作的质量与进度。高校要积极转变教育教学管理理念，摆脱传统管理思想与制度的束缚，积极树立起现代化管理思想，全面推进制度的改革与创新，以学生为中心开展教育教学管理活动。

三、树立起整合思想，加强对教育教学管理体系的创新

（一）构建教学改革系统

高校教育教学改革要着眼于整体，从代表性专业入手逐渐分化至各个学科与教学内容，同时，应当根据学校的教育方式与自身特点建立健全教学改革体系，确保体系全面覆盖教学方式、教学内容以及课程设置等多方面内容，在实现对人才培养方案优化的同时，形成现代化教学管理理念，以保证学生的知识水平以及综合素质的全面提升。

（二）建立人才培养系统

高校肩负着为社会发展培养高素质人才的重要任务。人才培养一直以来都是高校的核心工程，这就要求高校要从思想上提高对教学工作的

重视，加强对教师队伍的建设，在教学中贯彻落实"以生为本"的基本思想，通过开展高效率的教学工作，全面提升高校的教学水平，积极推进高校改革的进程。同时，高校要加强教学管理工作，以此为核心推进学校其他各项管理工作的顺利开展。

（三）形成教育管理系统

高校要重视建立健全教育管理系统，树立起现代化管理思想，实现管理与建设以及研究与改革的紧密结合，从而有效地促进整体的提升。高校须明确改革目的与方向，通过建设与管理充分地体现改革精神。建设是保证改革成果的重要基础，而管理是保证建设质量的关键，因而加强管理有利于实现改革的目的。

四、建立健全高校教育教学工作的评价体系

（一）构建教学质量评价体系

高校在变革教育教学管理观念时，有必要根据高校的发展特点，从高校发展实际情况出发，遵循可行性、系统性以及科学性等基本原则建立健全教学质量评价体系；同时，对于全体教职工的评价，要坚持公平、公正的基本思路，实行对教职工教学质量的全方位的评价。需要注意的是，由于每位教师所负责的教学工作有所不同，这就需要在充分了解各个学科特点以及教学具体要求基础上对教师进行评价，在保证评价合理性与科学性的同时，区分出各个教职工的档次，并以此评价为基础进行教学岗位绩效考核。

（二）构建教学状态评价体系

对于高校的教育教学管理而言，构建完善的教学状态评价体系是非常有必要的。高校在开展教育教学管理中，要将教学过程、教学质量、教学建设以及教学改革等方面作为重点管理内容，同时要保证评估的科学性、合理性以及系统性。此外，高校要以人才培养为核心加大教学投入，科学、合理地制订教学计划，在保证教学工作全面推进的同时，切实地保证教学质量与效果。除此之外，高校应建立起奖惩制度与激励制度，

对于教学中表现优秀的教职工，要给予物质上与精神上的奖励；对于教学中态度散漫、工作不认真且存在失误的教职工，有必要进行批评教育，使其积极改进教学工作，从而保证高校的教育教学改革的顺利进行。

（三）构建学生素质测评体系

对于学生而言，构建学生素质综合测评体系具有重要意义，一方面可以点燃学生的学习兴趣，调动学生参与课堂教学的积极性与主动性；另一方面可以全面提升学生的学习质量与效率。因此，高校在教育教学管理观念变革中要建立健全学生素质综合测评体系，并在此基础上构建奖优制度与创新制度，以学生为中心采取先进的教学模式，注重培养学生的自主学习能力，同时要采取科学方式定期展开对学生的知识水平、学习水平与综合素质等的测评。其中，对于学习成绩优秀且表现突出的学生，高校要给予奖励与表扬，鼓励学生大胆地创新与思考，并点燃学生的学习兴趣。

总而言之，社会不断进步与发展，对于优秀人才的需求量不断地增加。因此，高校要肩负起为社会发展培养高素质人才的重任，以市场需求为导向，做好人才培养工作，做好高校的教学工作，保证高校的教学质量与水平，从而塑造出良好的学校形象，提升高校的知名度。同时，基于教育大众化背景，高校要积极改变传统落后的教育教学管理思想，形成现代化教育教学管理理念，建立健全管理制度，推进高校的健康长远发展，以促进我国高等教育事业迈向更高的台阶。

第二节　高校教育教学管理信息化

为了更好地引导高校教育教学管理信息化建设工作向着更加健康和积极的方向发展，应该保证对这项工作进行合理、准确的评价，通过探索更为有效的方式，利用先进技术对高校管理水平进行提升，不断地促进高校教育教学管理信息化的建设和发展，以更好地满足时代发展需求。

随着经济、文化和社会的多元化发展，用人单位对于人才有了更高的标准。高等学校在教育过程中不仅要注重对学生的知识传授，更需要注重对社会传输优秀的人才。为了满足这一条件，高校就需要转变自身教育中的传统观念，通过不断地改革谋求生存与发展，通过对传统教育观念的改变，将更有效地认识到信息技术在当前教育中的积极意义，对教育中存在的各种问题进行解决，引导高校教育教学管理向着现代化的方向进步。可以说，教育教学管理信息化建设也将是今后我国高校的主要发展方向。

一、高校教育教学信息化特征

（一）教育教学中的信息呈现"碎片化"状态

在高校内部围绕教师或是学生进行服务与管理所产生的相关数据大多具有"碎片化"的特点，而这些没有经过处理的碎片数据也是对大数据价值造成影响的主要原因。高校在日常建设过程中，需要对大量的数据和信息进行处理，而这些信息内容通常被分为教学管理、学生工作和师资团队建设等，因此，需要对各个环节进行有效的搜集和加工，那么高校就需要对信息化建设工作引起更高的关注和重视。

（二）教育教学数据信息具备持续性特征

高校教育教学信息数据的持续性主要体现的是校园科研工作和管理工作的规律。高校对于教育教学信息化管理工作并不是一项一蹴而就的工作，而是一项需要长期坚持的相关数据统计工作。如果在这个过程中仅仅依靠短期数据对教学实践进行辅助将难以起到帮助作用，工作的开展也将缺乏科学性和全面性。

（三）教育教学数据信息呈现多维度

所谓的信息数据多维度指的是能够代表校园参加活动的完整个体状态。比如，学生在对图书进行借阅的过程中可以充分掌握学生日常的兴趣爱好，而学生在对一卡通进行使用的过程中则可以掌握学生的家庭情况。这些数据的产生都将为学校提供十分有效的数据。那么高校也应该对这一资源优势进行有效利用，以加强教育教学信息建设工作。

二、提高高校教育教学管理信息化水平的策略

高校开展教育教学信息化管理工作的主要目的是将学校的功能进行充分发挥，对高素质的综合性人才进行培养，在此前提下要求学校的管理水平也要随着时代的发展而进步，这样才能得到更好地提升。

（一）对管理机制建设进行加强

高校的教育教学信息化管理主要包含的是教育教学系统和信息化系统。在对高校进行教育教学管理信息化系统工作的过程中，还需要包括对研究生、本科生、专科生教育教学信息管理等信息的管理。对系统的整体规划，对很多部门中的职能进行相应调整，以及对信息、数据格式的进一步规划与统一，对于实现不同管理部门的无缝对接将产生十分重要的帮助。比如，对于不同水平的教育工作可以实现在一个平台上的教育，也就是通过对信息的共享，更好地促进教育信息化管理。

（二）对管理队伍的建设进行强化

管理队伍综合素质的提升对于促进教育教学信息化进程将起到十分明显的帮助作用。人的进步和发展不仅是学校实现信息化的前提，更是学校进行信息化建设的主要目的。所以，教育教学信息化建设工作更需要树立"以人为本"的意识和理念，并对管理队伍建设进行充分重视。那么，在开展这项工作的过程中，还需要对以下工作环节引起高度重视。首先就是对教师队伍的信息化建设引起重视。通过对各种形式培训力度的加大，为教师的学习创造更多有利的条件，帮助广大教师摆脱传统教育思想的束缚，不断更新教育观念，积极帮助和引导教师对先进的网络信息技术进行学习，这对于提升其信息技术能力将起到很大的帮助。其次就是对管理队伍的信息化建设工作引起重视。为了确保信息化基础设施能正常运行，高校需要相应组建一支技术维护人员队伍，通过这种方式能够对网络、计算机设备出现的问题进行及时处理，这对于掌握更多先进的网络技术将起到十分重要的作用。

综上所述，教育教学管理工作的信息化建设应该是一项逐渐完善的

过程，不可能是一项一蹴而就的工作。这就要求高校中的相关管理人员要实现更有效的工作配合，这样才能在信息化社会转变的过程中，更好地利用资源与优势实现管理工作的科学性，同时也要保证每一项工作的准确性，为高校教育教学管理信息化水平的提高提供有效的帮助。

第三节 高校教育教学管理流程

我国高校需要建立互通互联的师生关系，培养适用于社会的专业人才，来把握管理流程再造的重点目标。为顺应教育改革时代潮流，做好管理流程再造，采取有效手段，对教育组织结构、管理流程进行重新规划、优化定位，这对高校的改革与发展意义重大，对学生素质教育与培养大有裨益。

一、流程再造的相关涵盖与现实意义

培养学生个性，增强其自主创新能力。高校教育教学管理流程再造，应打破传统的教育理念、教育方式，建立"高效、顺畅、有序"的新兴教学管理流程，实现教学管理流程信息化、便捷化、规范化、制度化；在教学质量方面，注重学生的个性培养，以增强其自主创新能力为核心。

保障教育质量的客观要求。随着高校扩招政策的开放，高校教育承受着前所未有的压力。如何不负国家事业的重托，不负每个家庭的殷切希望，培养合格的、有用的社会人才，成为全社会普遍关注的话题。

二、高校管理流程再造，把握重点目标

高校管理流程再造，重点需要把握的目标之一，是加强师生之间的互通互联，建立共享、共通、互动、融洽的师生关系。

在高校教育教学管理流程再造过程中，要更加注重教学质量，紧跟市场的脉搏，与市场经济接轨，合理设置专业、安排课程，为国家、为社会培养有实用价值的人才。

三、高校管理流程再造的优化策略

建立管理再造理论体系。高校教育教学管理流程再造，可以借鉴企业流程再造理论，组织管理人员，开展深入研究与学习，紧密结合教育实际工作，科学、合理地加以运用，逐步建立高校教育管理流程再造理论体系。

优化重组机构，明确教学目标。高校要对下设的行政管理部门进行重置，精简结构层次，明确分工，完善管理结构；加强部门与部门之间的沟通与合作，提高管理人员工作效率；构建畅通、高效的信息传递模式，为学生提供更优质的服务。高校应加强与社会的联系，科学、有效设置专业和课程，教学内容与市场应用相结合，注重学生的个性化培养，打造专业化、实用性、创新能力强的人才队伍。

搭建信息管理系统平台。高校教育教学管理流程再造，需要加强信息化管理。高校要充分利用现代信息化技术手段，整合调动一切教育资源，构建一套完备的、高效的信息管理系统平台，做到信息实时滚动、及时更新，成功搭建起学校与社会的桥梁。

高校教育教学管理流程再造与优化，是时代浪潮的必然趋势，是高校需要勇于面对的问题。然而，变革的成功绝非一朝一夕，未来仍存在一定的困难。相信通过对高校管理流程问题的剖析，把握重点目标，积极探索解决问题的思路与方法，我国高校管理流程定会走上制度化、规范化、高效化、信息化的道路，使其真正服务教师和学生的成长发展所需。

第四节　"以人为本"推进高校教育教学管理

创新教育教学管理模式是推动教育事业更好地发展的保障。"以人为本"的管理理念顺应了当代社会发展的趋势，而将其运用到高校教育教学管理中，对教育教学管理的创新与发展具有重要的意义。

一、"以人为本"|推进高校教育教学管理创新的原因

众所周知，高校教育教学管理是高校工作的重要组成部分，对于促进高校发展以及在给学生创造一个更和谐、更有序的生活和学习环境中扮演着极其重要的角色。而要推进高校教育教学管理创新，首先应该保证能够坚定不移地以科学发展观为理论指导，并且始终坚持"以人为本"的教育理念，这样才能真正达到教育的要求。

"以人为本"是高校教育教学管理的根本诉求。要想坚定不移地落实科学发展观，必须达到"以人为本"的核心要求，并且意识到为人服务、对人有利才是发展的根本目的和基本要求，还要保证所取得的发展成果能被人享有并且惠及全人类。高校是有计划、有组织并且能够开展系统性教育工作的机构，其目的就是为社会的发展提供保质保量的人才，以教育促进社会发展，也让社会的发展为教育提供教学指南。与社会上的企业相比，高校是一种为教书育人而设立的机构。高校的教育者需要掌握扎实的理论知识、教学技能和专业技能等，还必须具备高尚的职业道德操守，需要尽可能地拉近与学生之间的距离，实现与学生心灵上的交流和沟通。在高校领导、教职员工和学生这三个层级构成的群体中，人不仅是高校开展教育活动的主体，同样也是客体，而人的双重身份使得教育管理更应该坚持"以人为本"。高等学校是对所有渴望获得知识的人开展高等教育的教育机构，同时也是培养各个行业人才的重要场所。设立高校的根本目的就是培养具有创新能力的高级别人才。为了能够使高校教育达到这一标准，必须保证师资力量，这样才能保证所培养出的学生符合高级别人才的需要。"教授"与"学习"都是一个很花费时间和精力的劳动方式，既需要相对自由的学术氛围，又需要能够让教学环境有一定的宽容度，从而满足人文主义式的管理要求。

只有"以人为本"，才能满足高校教育教学管理的实际需求。很多年以来，我国很多高校都致力于实现"以人为本"管理理念的要求，不断积极地探索现代化教育教学管理模式和机制，并且从目前的情况来看已经取得了初步成效。

二、"以人为本"推进高校教育教学管理创新的策略

要想真正地实现"以人为本"推进高校教育教学管理创新的目标，就必须清楚地认识到"以人为本"教育教学管理理念的重要性，逐步强化"以人为本"的管理理念，探寻更为人性化的管理模式，并且及时地构建服务型的管理队伍，从而为教师和学生提供更高质量的管理服务，以满足他们的实际需求，促进高校健康的发展。

（一）强化学术功能

高校是开展教育的场所，所以，应该坚持专业化的治校理念，始终维护教授在教学管理中的核心地位和核心作用，赋予他们在高校教育教学管理中的权利和相关权益，避免"外行人指挥内行人工作"情况的发生。

（二）向民主型转化

高校在开展教育教学管理的过程中要体现出民主性，不能独断专行，要保证教师能够享有基本的教学自由来开展教学改革创新工作，为学生提供更优质的教学环境。

（三）向激励型转化

激励属于更高级别的管理方式，其取得的管理效果更好，同时对管理者的管理能力要求也更高。这就要求高校能够尊重师生，不断地完善教育教学管理规章制度，努力在原有的被动接受型管理方式中融入激励型管理因素，逐步实现由被动接受型管理向激励型管理的过渡。

构建服务型的管理队伍。即使传统教育教学管理在不断的发展过程中表现出了一定的优势，身处信息化时代，高校教育教学管理也应该以现代化教学管理理论为导向，对传统教学管理体制和机制进行改革创新，使教学活动向实现教学管理现代化不断靠近。管理并不意味着压迫和绝对服从，其更倾向于一种服务性质，是以为教师和学生服务为目的的。这就要求管理队伍能够树立起"以人为本"的服务理念，在处理问题时要做到热情、耐心和细致。当然，为了提高服务的质量，高校还应该不

断地提高管理人员的专业素养，提高他们的综合素质和业务能力，增强他们的职业道德感；与此同时，还应该构建并完善教学管理人员的目标管理责任制，激励并引导教育教学管理人员严格要求自己、以身作则，在对师生进行管理的同时不断深化教育教学管理的功能。

"以人为本"作为当代社会的一种新的管理理念，顺应了时代的发展。将"以人为本"的管理理念运用到高校教育教学的管理中，有利于高校教育教学管理的创新与发展。

第五节　大数据下高校教育教学管理

随着信息技术的不断发展和互联网的普及，大数据时代已经到来，对于数据信息的集成化处理已经成为各行各业发展的一大趋势。在大数据时代下，高校的教育教学管理工作在模式和方法上应当进行一定的优化和创新，通过教育教学管理的信息化建设来提高高校管理水平和管理效率，为我国高等院校的现代化发展以及学校综合实力的提升奠定重要的基础。

随着我国教育事业的不断发展以及育人水平的不断提高，为了满足当前社会对于多元化人才的需求，高校在专业设置、课程划分上做出了一定的调整，办学规模逐渐扩大，这无疑给学校的教育教学管理工作增加了不小的难度。大数据时代给高校教育教学管理工作提供新的思路和方法，可以应用数据集成化处理的模式来进行相关教育教学信息的收集和整理，构建相应的教育教学管理信息平台，从而提高高校日常教育教学管理工作的效率。

一、大数据时代高校教育教学管理实现信息化的重要性

（一）有利于构建全面的教育教学管理系统

教育教学管理是一项十分复杂的工作，其中涉及的主体既有学校的教育工作者、管理者，又有学生，内容从教学计划的编制到教学活动的

开展，从教学后勤保障工作到教学环境的优化完善，这些都属于教育教学管理的范畴。这个过程中涉及大量的管理信息，通过应用大数据来构建一个教育教学管理系统，将这些信息数据进行集中整合和处理，能够实现对师资、学生信息、教学质量监管、教学信息收发等全面的科学化管理，从而为教育教学管理工作提供极大的便利。

（二）有利于提升高校教育教学管理效率和规范化水平

做好教育教学管理工作是保障良好教学秩序的关键所在。教育教学管理工作中所涉及的大量的繁杂事物和信息内容如果无法进行科学化的处理，那么将会严重降低高校的管理质量和水平。而通过教育教学管理的信息化建设，能够将教育教学管理工作的各个流程和环节进行有机联系和渗透，不管是教学方面还是学生管理方面，都可以借助于相应的信息系统或者是平台来完成规范化的管理。比如，我们在完善学生的学籍信息的过程中，就可以拟出一份规范化的信息完善流程，让学生统一登录到学校的管理平台之中，按照流程一步步进行操作并且完成信息的提交，而学校教育教学管理工作者只需要对这些信息进行汇总和审核就可以完成这项工作，大大提高了工作效率和管理的现代化水平。

（三）有利于实现教育教学资源的共享

通过构建相应的教育教学管理信息化平台，不仅可以让学校的教务部门掌握与教学活动、与学生最密切相关的一些基础数据，还可以借助这一平台来进行数据分析和处理，根据不同层次人群的需求，来整合相应的教育教学资源和信息。对于教师而言，其在教育教学活动中所需要的一些课程资源，学校就可以利用信息化系统进行共享，让教师根据教学需求浏览或者下载；同样的，针对学生这一层面来说，高校可以在教育教学管理平台上及时发布一些就业资讯、考务信息等，从而体现信息的共享性和多元化应用价值。

二、大数据时代高校教育教学管理信息化的有效途径研究

（一）保证教育教学管理系统的实用性和可操作性

大数据时代高校教育教学信息化管理，最关键的就是要保证这一教育教学管理系统的实用性和可持续操作性，只有将教育教学管理平台真正地应用到教务管理过程中，才能发挥其相应的作用和价值。因此，这就要求高校一定要重视相关系统软件的研发，联合高校的计算机专业，聘请相关方面的专家同教学管理人员组成系统规划设计小组，对于这一系统的模式架构、功能延伸和性能保障进行深入的分析与研究。同时，学校要设立专门的教育教学管理系统管理员岗位，负责日常的维护及运营管理工作，帮助解决学校各部门在实际操作应用中存在的问题，提高教育教学管理信息化建设质量和水平。

（二）重视对基础信息的收集与整理

在应用教育教学管理信息化系统的过程中，最重要的就是实现对基础信息数据的准确收集和分类整理，要保证数据信息的准确性和真实性，就必须要对基础信息的录入等相关工作进行严格的审核和监督。比如，每学期各专业课表的设置、学生考试成绩的录入、学籍信息的核对与变动，在进行这类基础数据上传的过程中，学校的各个院系都必须要进行严格的检查。如果出现相关的数据异常，学校可以按照规定对相关院系和主管部门进行追责。这样做能够保证信息的完整性和真实性，同样也督促我们的工作人员要更加细致地完成信息收集与整理工作。

（三）加强对教育教学管理系统的维护与安全防护体系的构建

大数据时代下，信息数据的安全更应当引起高度重视。高校在构建教育教学管理系统的过程中，为了确保此类信息数据的安全，就必须要完善相应的安全防护体系，重视日常系统维护工作的开展。首先，学校在构建教育教学管理系统之初，就要在技术人员的指导下完善内外部的安全防护体系，安装防火墙，避免系统受到攻击以致数据泄露；其次，在进行日常系统维护的过程中要做好数据的备份整理工作，数据只要发

生变动或者更新就要及时进行备份；最后，根据层次化的需求要对教育教学管理信息化系统设置相应的权限，教师管理层和学生层通过层级加密的方式来保证信息的安全性。

大数据时代下实现高校教育教学管理的信息化，体现了高校管理工作的创新，能够实现高校教育教学管理效率和质量的提升，为今后教学管理工作的顺利开展创造良好的条件。

第二章　高等教育的管理原则

高等教育的管理理论与一般的管理理论在最基本的方面有些是相通的，管理的最基本的原则也有相通之处，只不过高等教育管理是一种专业管理。专业的内容不同，性质各有差异，因此，侧重在某个方面遵循某些原则。从某种意义上来讲，高等教育管理原则是对一般管理理论和方法的运用，是在具体的实践中总结提炼出来的，只有实实在在地认识了这些原则，把它真正地内化到我们的管理活动中，方法才会使用得当，才会自觉地去贯彻、遵循它。

第一节　高等教育管理原则的确立

根据中国教育管理的研究成果，可以将各种有关教育管理原则分成下述三大类。

一是传统经验抽象型。这些是对中华人民共和国成立以来我国教育管理的实践经验进行总结、概括而成的管理原则。

二是领导方法抽象型。这些是从传统行政管理、领导方法中抽象而成的管理原则，例如，领导与群众相结合原则、民主集中制原则、制度化与规范化原则等。

三是现代企业管理原则移植型。这些是将国内外现代企业的管理原则引申或移植至教育管理活动中，使其具有指导办学的价值，例如，整体化原则、封闭与开放原则、动态平衡原则、信息反馈原则、系统原则、整分合原则、能级原则、激励性原则、效益原则等。

除此之外，有的教育管理原则的表述是从自身的本质特性出发的，如教育性原则；还有的从一般管理特征的角度进行描述，如科学性原则、经济性原则等。确立高等教育管理原则必须充分考虑高等教育管理赖以进行的情景条件和客观依据，既要借鉴现代管理的一般理论，又要联系高等教育管理的特殊背景；既要追求理论上的相对完备性，又要强调对实际工作的指导意义。尤其是要分析各条原则或原则体系是否涵盖，以及在多大程度上涵盖整个高等教育管理领域，从而给高等教育管理原则以科学、客观、合乎逻辑的定位。

一、高等教育管理活动的特点

任何高等教育管理活动都是围绕高等教育的目标这个中心来开展的。只有遵循高等教育管理的客观规律，才能顺利地实现既定目标。一般认为，高等教育的基本规律及其特殊性包括两个方面：一是高等教育与社会协调发展；二是高等教育与受教育者身心全面发展相适应。高等教育管理原则必须以这两个方面为前提，才能避免高等教育管理与高等教育工作之间的对立和冲突，最终提高管理效益。与一般管理活动相比，高等教育管理活动存在一些特殊规律，例如，经济效益与社会效益的关系、人才培养与科学研究的关系、学术自由与行政管理的关系、个人利益与集体利益的关系等。高等教育管理原则的制定，与人们对这些特殊规律和矛盾的认同密切相关。

高等教育管理的政治性突出体现在教育方针和教育法规中。教育方针规定了办学的指导思想、培养人才的基本规格和基本途径；教育法规是占统治地位的社会集团对这种指导思想的法律认可和保护，它代表整个社会政治制度、经济制度、文化制度对教育的要求和约束，同时也界定了教育事业的责、权、利的范围。随着我国教育法规，尤其是高等教育法规的进一步完善，高等教育管理必将真正纳入法治化轨道。与此同时，高等教育的指导思想、原则自然要受到既定的教育方针和法规的制约。

与高等教育系统相对应，高等教育管理原则也构成一个系统，它同样具有目的性、相关性和整体性。原则体系的目的性在于指导具体的管理实践，使管理工作更符合客观规律；原则体系的相关性则指涉及高等教育管理过程的每一条原则相互依存、相互补充；原则体系的整体性在于各原则围绕怎样提高高等教育管理效率这一目标结合为一个整体。一方面，高等教育管理作为整个行政管理系统的子系统，应充分体现现代管理科学的基本原则；另一方面，高等教育管理原则应能统领各层次管理的具体原则和工作方针。在确立高等教育管理原则之前，我们还有一项重要的工作要做，那就是对高等教育系统组织特征的分析。只有将一般的管理原则置于高等教育特殊的组织背景下，才能够做出对高等教育管理原则的恰当概括，并在较深层面上理解和运用这些原则。

有了上述关于高等教育管理原则确立依据的分析，我们便有可能对现有的各种高等教育管理原则的表述做出评判。例如，"计划性"只是在高等教育管理领域的某一环节具有意义，却不能涵盖整个高等教育管理领域；"教育性"是强调环境的教育作用及各级管理人员以身作则的模范作用，属于广义的教育学要研究的范畴；"科学性"是一条具有普遍意义的原则，它与"方向性"属于同一层次的概念，是指导所有管理活动的基本原则，没有体现高等教育管理的特征；"规范性"属于更为具体的管理手段，是提高管理效益的前提，可以把这一要求作为"高效性"的一个方面来讨论；至于"民主性""激励性"等，也是一般管理原则问题。总之，在现代社会的文明进入一个新的发展时期的情况下，我们把高等教育管理的基本原则确立的基础归纳为四句话，即和谐为先、法制为上、公平为本、效益为果。

二、高校学生管理工作的探索与创新

（一）高校学生管理工作理念的探索与创新

1.高校学生管理工作理念创新的意义

（1）高校教育创新的意义

创新是一个民族进步的灵魂，是国家兴旺发达的不竭动力。为了实现中华民族的伟大复兴和完成教育事业的历史任务，必须要不断推进包括高校学生管理工作在内的教育创新。

①高校教育创新是时代发展的要求。在当今世界，科学技术突飞猛进，知识经济已见端倪，国际竞争日趋激烈。人类社会发展到今天，相对于物质资源，人力资源成了第一资源；相对于人口数量，提高人的素质成

了第一要务；在人的素质中，创新精神和实践能力是其重点。科学技术进步，越来越依赖于科技创新；知识经济发展，越来越依赖于知识创新；国际竞争，"说到底，是人才的竞争，是民族创新能力的竞争"。无论是科技创新、知识创新，还是民族创新能力的提高，最关键的是人才。而人才的成长要靠教育，其中高校教育是非常重要的阶段。高校可以说是培养高素质人才的重要基地，进行教育创新从而适应时代对人才的需求，这对高校而言无疑将具有非常重要的意义。

②高校教育创新是现代化建设的需要。目前，我国已经进入全面建成小康社会、加快推进现代化的新阶段。在21世纪新阶段，面对新形势、新任务、新问题，最根本的是坚持体制创新，大力推进经济体制、政治体制和文化体制改革，逐步消除经济、政治和文化建设的体制性障碍，为经济、政治和文化发展注入新的活力。而体制的创新，取决于理论创新和人的创新精神与能力，最终取决于创新人才的培养。高校教育是知识创新、传播和应用的重要基地，也是培育创新精神和创新人才的重要摇篮。无论是在培养高素质的专业人才方面，还是在提高创新能力和提供知识、技术创新成果方面，高校教育都具有独特的重要意义。高校承载着人才培养与输出的重大职责，只有不断推进教育创新才能为我国的现代化建设提供更多的富有创新能力的人才。

③高校教育创新也是高校教育自身发展规律的必然要求。政府高度重视教育工作，我国教育事业取得了举世瞩目的伟大成就，实现了历史性跨越。高等教育入学率已接近大众化水平，高等教育已进入大众化阶段，高校管理体制和后勤社会化改革取得了突破性进展，教育质量和办学效益不断提高。这些都是高校教育改革创新的结果。

（2）深刻认识高校学生管理工作理念创新的重要性

①创新学生管理理念是新形势下做好学生管理工作的首要条件和客观要求。随着改革开放的深入和市场经济的发展，学生对各种思想、文化的接受和选择有了更广阔的空间，而社会上的各种思想和价值观念必然对当代大学生产生巨大的影响，给学生管理带来新的挑战。

②创新学生管理理念是新形势下做好学生管理工作的逻辑起点和必要前提。当前的高等教育正向大众化教育阶段跨越式发展，既要把学生视为

接受教育的对象，又要把学生当作管理服务的主体；既要严格管理规范，又要重视教育引导；既不能一味追求意志统一，又要充分保障学生权益；既要强调集体观念和社会需要，又要趋向于人的个体需求与素质发展。因此，21世纪的高校学生管理首先必须对管理理念进行创新，并把这种理念创新当作高等教育大众化条件下学校管理工作的逻辑起点和必要前提。

③创新学生管理理念是新形势下做好学生管理工作的应有之义和关键所在。经济建设需要人才，而培养出的人才只有为社会所接纳，并转化为生产力，才能发挥作用。时代变化激发理念变化。没有先进的理念，工作就缺乏正确的导向。高校学生管理工作的现代化，首先是管理理念的现代化。学生管理工作作为高校学生管理工作的重要组成部分，就要求冲破传统束缚和实践障碍，解决好工作中的瓶颈问题。因此，从某种意义上说，理念是管理的基础和先导，是管理的核心和精髓，是做好管理工作的关键所在。

2. 正确理解学生管理工作理念创新的实质与内涵

从人类历史进步的角度看问题，社会的存在是以人的存在为前提的，社会发展的动力来源于人创造历史的活动，社会发展的程度最终是通过人的发展程度来衡量的。社会发展进步的根本目的是实现人的发展。与此同时，人是社会赖以进步的第一重要的起决定作用的因素。社会进步本质上是一个在改造客观世界的同时，不断改造人的状态、发展人的能力、提升人的价值的过程。育人是学校教育的第一使命。大学最根本的职能和最核心的价值是培养人才、促进人的发展。大学的历史使命是人的灵魂的塑造者，是主流价值观的传播者，是先进生活方式的倡导者，是人类精神交流的传递者。从大学的社会功能而言，大学应该服务于先进文化的传承、创造和弘扬，应该服务于人类社会的整体利益，应该服务于国家和民族事业的全面进步。学生管理工作理应注重学生整体素质的提高，注重学生自由、充分、全面的发展，其基本目的是让受教育者尽可能地深入、广泛、多样地了解人所处的世界，了解人自身所处的生存状态；终极目标是最大限度地挖掘自身的潜力，提高学生的综合素质，从而为人类社会的全面进步提供精神动力和智力支持。学生管理工作理念创新的主要内容包括以下几个方面。

（1）转变思想观念，坚持育人为本的管理理念

人是手段与目的的统一体。这就要求既要把人当作目的，又要把人当作手段；既要尊重人、关心人，又要管理人、发展人；既要满足人的物质利益，又要符合人的精神需要。同时，人又是权利和义务的统一体。这就要求学生管理必须体现出民主、平等的精神，在管理工作中公正地善待每一位学生，尊重和保护学生的权利，坚持做到有管有放、有宽有严，为学生的全面发展创造最佳条件。育人为本，是人本思想在学生管理工作中的具体化，是科学发展观在高等教育领域的根本体现，是学生工作的根本出发点和落脚点。育人为本作为一种价值观，就是要以人为基础、以人为动力、以人为目的，强调唤醒人的自我意识，尊重人的主体地位；满足人的主体需要，尊重人的精神诉求；肯定人的自我价值，强调人的全面进步。育人为本作为一种工作方法，就是要坚持以学生的根本利益为出发点，既要严格教育管理，又要注重人文关怀；既要严格纪律要求，又要注重道德教化；既要严格程序规范，又要注重内容效果。育人为本作为一种思维方式，就是要转变思想观念，强化服务意识，坚持"一切为了学生、为了一切学生、为了学生一切"，逐步实现民主交流、平等沟通、相互理解、和谐统一。

（2）贴近学生实际，坚持精细化的管理理念

所谓"精细化管理"，就是将管理覆盖到每一个过程，控制到每一个环节，规范到每一个步骤，具体到每一个动作，落实到每一个人员。学生管理工作的一个显著特点就是所管理的事务繁杂、琐碎。因此，学生管理工作的核心就是"在'细'字上做文章，在'实'字上下功夫"。在精细化管理中，关键要突出一个"细"。"细"有几层含义：一是规范，严格管理规章和工作程序，坚持制度面前人人平等；二是科学，善于运用现代管理方法和信息手段，积极探索和掌握学生管理工作的客观规律；三是到位，在学生管理过程中，每一个环节都必须被考虑到，不忽视微小的管理漏洞；四是明确，落实管理责任，将管理责任具体化、明晰化，要求管理的过程条理清楚、层次清晰；五是深入，把工作做得具体，做得扎实，追求一种精益求精的境界，使学校的管理水平迈上一个新的台阶。

（3）整合各种资源，坚持系统化的管理理念

任何管理都是对系统的管理，没有系统，也就没有管理。系统化就

是从整体上构建学生管理的系统模型和综合模块，把学生管理工作作为一个集学习机制、竞争机制、奖惩机制、决策机制、评估机制和反馈机制等于一体的动态过程。学生管理工作是一项系统工程，它不仅是学生工作者的责任，也是全校教职员工的责任，必须高度重视，加强领导，通力合作，形成合力，始终坚持依靠广大教职工、学生政工干部和全体学生积极参与的全员管理，必须针对不同年级的不同特点和不同个体的不同特征，将学生管理工作贯穿于学生成长成才的全过程。它又是全方位的，涉及方方面面，必须始终坚持管理即服务的观念，把解决思想问题和解决实际问题相结合，为学生做实事、办好事、解难事；始终坚持教育管理的理念，努力提升学生管理工作的人文内涵，强化育人效果。

（4）增强自律意识，坚持自主化的管理理念

所谓"自主化管理"是指在学生管理人员和专业教师的指导下，学生自我教育、自我管理、自我服务和自我发展的教育管理模式，其核心是关注人的发展，营造一种宽松、和谐的民主气氛，调动学生的主动性、积极性和创造性，培养学生的创新精神和实践能力。自主式管理要充分发挥学生团组织、社团组织的作用，丰富学生课余生活，拓宽学生知识面，增长学生才干，陶冶学生情操，培养特色鲜明的校园文化精神；要充分发挥学生干部的先锋模范作用，让他们自觉地加入学生的管理工作中来，成为重大问题的参与者、决策者，在参与管理的实践中尝试管理、学会管理、懂得管理；在教育过程中，要充分发挥学生的主人翁精神，突出学生的教育主体意识，实现学生干部队伍自我管理制度化。

（5）以培养学生创新精神为核心素质的管理理念

这是解决高校学生工作培养什么人的问题。随着知识经济信息社会的到来，创造力将成为社会经济进步的主要动力，成为关系市场竞争成败的决定性力量，而那种"唯文凭、唯分数、唯专业"传统的人才观已不合时宜。教育工作的重点应放在提高受教育者的创造力方面，通过在教育过程中对创造力的发掘、训练、强化，激发受教育者的创造热情和创造才能，积极培养适应时代要求的创新人才。21世纪的人才应是能够适应新技术革命的挑战，能够参与全球性竞争与合作，能够主动适应、积极推进，甚至引导一系列社会变革的创新人才。

3.高校学生管理工作理念创新的重点方向

（1）高校学生管理工作应秉持"以人为本"的理念

从人类精神解放或人的精神发展过程来看，"以人为本"是人本主义思想发展的较高层次。人本主义思想的发展经历了超越自然（神）本位、超越人伦本位和"以人为本"三个层次。在超越自然（神）本位层次，人类相对摆脱了自然（神）的束缚，开始看重和强调人类本身，确立了人类的优越性和中心地位，人类获得了相对的自由。在超越人伦本位层次，个人相对摆脱了传统人伦文化的束缚，开始看重和强调个体的价值，确立个体的人身地位，从而获得了个体的相对平等和自由。在"以人为本"层次，个人相对摆脱了自身的束缚，开始注重个体的异化，在不断否定自己的过程中，使自身的肉体和精神相对分离，个体获得了精神异化的相对自由。因此，"以人为本"同以人群为本位一样而脱离自然（神）的束缚，从而重视整体人群的价值不同，它是以个体为本位，要求个体摆脱人伦文化的束缚，强调个体间的自由与平等，强调一种以充分发挥个人价值的"个性主义"为原则。

①高校学生管理工作中人本理念的含义

高校学生管理工作中的人本理念就是以"以学生为本"的理念，即要进一步强调大学生在学生工作中的重要地位，进一步加强对学生的教育、管理、指导和服务，为学生的健康成长和全面发展创造条件、营造氛围；要调动学生的积极性、主动性和创造性，强化其在教育过程中的主体作用，发挥其自我教育、自我管理、自我服务的作用；要了解学生、尊重学生、理解学生和信任学生。与此同时，我们又必须明确，坚持"以学生为本"，不但不能放弃，而且更应加强教师的主导作用。学生始终属于受教育者，尊重受教育者在教育过程中的主体作用并不意味着要放弃管理者在教育过程中的主导作用。学生工作者始终负有教育、管理、指导、服务学生的责任。我们坚持"以学生为本"，就是要把这种教育、管理和引导的作用发挥得更好、更到位、更有利于学生的健康成长和全面发展。坚持"以学生为本"，不但不能弱化，而且更应强化对学生的管理。"以学生为本"并不代表一味地迁就学生，让学生放任自流，对其不理不管，而是对我们的管理工作提出了更高的要求，要用更科学的方法管理学生，以保证学生沿着健康的轨道成长和发展。

②"以人为本"理念是高校学生管理工作创新的灵魂和核心

首先，贯彻"以人为本"的工作理念是形势所趋。学生管理工作要充分认识到学生管理工作的目的在于提高学生的思想政治水平、价值判断能力和道德品质修养。这就决定了学生管理工作必须获得学生的主动参与，而只有在工作中最大限度地体现"以人为本"的工作理念，才能达到激发学生主动性、发挥学生主体能动性的目的。

要积极推动思想教育与学生管理相结合，在通过规章制度等约束人的行为的同时，把思想政治工作的柔性导向融入其中，把自律与他律结合起来。在新形势下，高校要坚持立足于教育、辅之以管理、寓教育于管理的思想政治工作原则，通过将教育落实到管理中，把管理上升为教育，使两者相得益彰、互补互促，以达到塑造人、引导人、规范人的目的。

学生管理工作者应树立"以学生为中心"的工作观念，注重学生的独立思考和自我教育，根据学生成长的内在需要和规律，重视大学生所接受的信息的复杂性；在引导的基础上努力实现学生对教育过程的主动参与，在参与中发挥其主体能动性，真正达到使其确立正确的世界观、人生观的目的。与此同时，学生管理工作内容上的创新和形式上的创新是分不开的。一种新的工作理念的实行、一种新的工作方法的运用，都需要在工作内容上进行相应的调整，而一种新的工作内容往往也就意味着新的工作方法的引入。

③高校学生管理工作中人本理念的基本要求

在高校学生管理工作中真正贯彻人本理念，就一定要切实地尊重学生、关心学生、培养学生、激励学生、服务学生，把培养学生健康成长和最终成才、把促进学生全面发展作为学生管理工作的根本目标。

首先，要尊重和信任学生。"以人为本"的核心就是管理者对人的尊重和信任。尊重和信任学生，就是充分尊重学生的人格、自由、权利，尊重学生的独立性和创造性，要积极地、有意识地鼓励和引导学生自己去摸索，让学生学会学习。这里的尊重与信任，并不是在管理上对学生不理不管、放任自由，而是以一种更积极、认真的态度，把参与管理变为学生自身的一种需求，充分信任学生的自我管理能力、自律能力和相互协调能力，以激发学生学习和生活的热情，在尊重、信任学生的基础上体现严格要求。管理者在与学生的交往过程中，应该成为学生的良师，对学生进行思想品德教育和行为准则教育，教会学生如何做人；同时应成为学生的益友，在学习和生活上指导学生健康成长，帮助学生解决实际困难，维护学生的合法权益。这种良师与益友的关系在很多场合是交织在一起的，贯穿于学生管理工作的整个过程。其次，要关心和爱护学生。要针对学生的特点，采取适合学生的有效措施，主动关心学生在学习中遇到的困难，及时为学生提供指导与帮助；关心学生的身心健康，经常与学生谈心，缓解学生的一些思想负担，积极组织开展多种文体活动；关心学生的生活困难，掌握贫困生的情况，帮助学生克服解决一些实际困难；关心学生的权利，在奖学金评定、评选先进、选拔学生干部等方面增加工作的透明度，并力求做到公正、公平、公开。最后，要培养和激励学生。学生管理最重要的任务是提高人的综合素质，而人的素质是在社会实践和教育中逐步发展和成熟起来的。通过教育，不断提高人的思想道德素质、科学文化素质和健康素质是管理工作的主要任务，因此全面提高人的素质，对学生不断进行培养和教育，就必然会成为学生管理活动的一项重要内容。实行辅导员助理制，在高年级培养选拔一批思想素质好、专业基础扎实、富有责任心的学生作为低年级学生的辅导教师，培养他们成为低年级学生学习上的指导者、生活上的辅导者、思想上的引路者、人生中的影响者，使之在实践过程中不断充实自己、提高自己、丰富自己、完善自己。在学生管理过程中，灵活多样地运用各种适当的激励方式，对提高工作的效率显得尤为重要。

（2）高校学生管理工作应秉持开放的理念

①开放理念在高校学生管理工作中的重要意义

开放的中国需要开放的高等教育。开放的高校学生管理工作是开放高等教育的一个重要组成部分。开放促进了高校内部管理体制、教学方式、管理模式的改革，在学生教育管理方面呈现出以下一些变化：一是学分制的逐步实行，同班不同学，同学不同班人数增多，使学生由班内走向班外；二是实践课程比重增大，理论教学课时相对减少，使学生由课内走向课外；三是后勤社会化的实施，分散住宿范围扩大，使学生由校内走向校外；四是法治观念的逐步强化，使学生维权行为时有发生；五是大学国际化的推进，形式多样的国际合作办学增多，使学生由国内走向国外。六是网络的普及和便捷，已成为与家庭、学校并列的第三种成长环境，使学生由现实世界走向虚拟世界。因此，高校学生教育管理工作必须针对上述新变化，适应开放提出的新要求，审视开放带来的新挑战，采取扎实有力的措施，将教育管理的任务尽快落到实处。

开放理念是加强和改进高校学生管理工作的本质要求。"没有开放，就没有大学教育""培养什么人，如何培养人"始终是高校孜孜不倦地思索追求、实践的根本问题。前者要求解决好教育的理想性和现实性相结合的问题。大学教育说到底是一种"完人"的教育，正如爱因斯坦所说的那样："当学生走出校门的时候，他应该是一个和谐的人，而不应仅是一名技术人员。"和谐的人应具有社会中的共生意识、发展中的合作意识、理政中的法治意识、交往中的宽容意识以及建设中的生态意识。后者则要求处理好教育的规范性以及开放性相结合的问题。

开放理念是加强和改进高校学生管理工作的重要保证。开放的高校学生管理工作具有三个特点：一是自觉性。高校学生教育管理工作的加强和改进是一个不断求真、尚美的过程。求真就是合规律。高校学生教育管理既要合教育内部的规律，还要合教育外部的规律，否则就会事倍功半。高校学生教育管理要全面体现教育的方针，做到让人民满意、让学生喜欢。尚美就是合形式。高校学生教育管理要在构建和谐校园中做出更大的贡献。二是自律性。开放的高校学生教育管理工作是对传统循规蹈矩、就事论事的工作方式的超越。开放不是放手不管，更不是放任自流，而是用开放的理念统揽全局，用开放的心态包容多样，用开放的举措推动工作。三是自为性。开放的高校学生教育管理，有利于争取更多更好的教育资源，为我所用；有利于营造良好的环境氛围，为我所享；有利于促进教育管理队伍素质的提高，为我所为。

②高校学生管理工作中开放理念的基本要求

首先，应突出高校学生管理开放的主导性。一是要重视思想政治理论课教学在学生管理中的主渠道地位。教师应根据大学生的认知特点，不断丰富教学手段，加强实践教学的环节，强化课程研究，确保讲出新意和特色，说出深度和规律，讲出学生想听的和我们想说的，提高教学的针对性和实效性。二是必须始终坚守思想政治教育这块学生管理工作的主阵地，坚持贴近实际、贴近生活、贴近学生的原则，把学生公寓建设成为融思想教育、行为指导、生活服务、文化熏陶为一体的"第二课堂"。加强思想政治教育主题网站建设，综合运用技术、行政和法律手段，全面加强校园网络管理，防止有害信息在校园网上传播。加强网络管理工作队伍和网上评论员队伍建设，掌握校园网舆情，引导网上舆论。三是要切实开展高品位的校园文化活动、大学生社会实践活动、科技创新创业活动和体育活动，引导学生在活动中受教育、长才干、做贡献。四是要重视学生管理工作队伍建设。做好学生教育管理工作，光靠经验和热情是不够的，必须要有一批从事学生教育管理的高水平的专家，应该从制度、政策、人事编制、职务职称序列上鼓励一些德才兼备又有奉献精神的同志去从事学生的教育管理工作，让他们真正把这项工作当作一项事业、当作一门学问、当作一个可以建功立业的岗位去钻研和奋斗。

其次，应该增强高校学生管理工作开放的针对性。高校学生管理要从学生最关心、最直接、最需要、最现实的问题入手。一要引导学生学会学习，变"学会"为"会学"，更新学习观念，变革学习方式，创新学习手段，提高学习效率。二要引导学生学会自强，变"助我"为"我助"，进一步落实助学贷款，设立助学奖学金，建立与就业相结合的奖学金制度，组织好学生勤工俭学。三要引导学生学会创业，变"就业"为"创业"，把培养学生的创新精神、创业本领、实践能力放在重要位置，改革教学内容和课程体系；完善鼓励和支持高校毕业生创业的制度和措施，提供创业的优惠条件，加强对创业活动的指导和管理。四要引导学生加强心理健康知识普及教育，通过宣传倡导、教育引导、活动推导、家长督导等途径，做好心理健康教育工作；加强危机干预，消除潜在隐患。

最后，应强化高校学生管理工作开放的基础性。大学历来是社会文明的源头，是引领文化潮流、传播科学思想、开创文明新风的地方。倡导和谐理念、培育和谐精神是现代大学精神的应有之义，大学应该担负起和谐社会首善之区的使命。在建设和谐校园过程中，要发挥高校学生教育管理工作的思想导向作用，奠定和谐校园建设的强大思想基础；要发挥高校学生教育管理工作的价值引领作用，倡导和谐校园的正确价值取向；要充分发挥出高校学生教育管理工作的道德规范作用，构筑和谐校园的坚强道德支撑；要发挥高校学生教育管理工作的文化建设作用，形成促进和谐校园的文化环境。开放的高校学生教育管理工作必须坚持教书与育人相结合、教育与自我教育相结合、政治理论教育与社会实践相结合、解决思想问题与解决实际问题相结合、教育与管理相结合、继承优良传统与改进创新相结合。

（二）高校学生管理工作模式的探索与创新

1.大类招生背景下高校学生管理模式的探索

当前，许多高校在本科教育中采用了按大类招生的培养模式，即在高考录取时不分专业，依照大类进行招生，学生进校经过一定时间的基础课程学习后，再根据自身条件和社会需求选择专业。这样可以使专业选择更贴近学生志愿，更能反映社会需求趋向。这种模式与目前高校实行的学分制改革紧密联系，在人才培养上具有一定的灵活性，符合当今高等教育教学改革的大趋势，因而被越来越多的高校所采用。按大类招生及培养，能有效地在学校内部利用多学科的优势，克服原有院、系的框架，打通相邻专业的基础课程，实现多专业的有机组合，同时可以有效地使专业向复合型转化，进一步促进和加强新专业的建设，在学科或学科群的范畴里，对学生进行更全面的教育培养，来顺应科学技术发展综合化的趋势。但是，这种大类招生模式和高校普遍采用的学分制，对高校学生管理提出了新的要求和新挑战。

2.高校学生管理工作应秉持契约理念

（1）引入契约理念的必要性

在我国，随着高等教育大众化时代的来临，高等教育收费制度以及现代民主法治社会的建立，使高校与学生的关系发生了质的变化。学生开始缴费上学，虽然学生所缴纳的学费并不足以抵消生均培养成本，但这已导致高等学校与学生的关系由过去单一的纵向行政关系转变为包括花钱购买教育服务的消费关系在内的多重法律关系。学生的权利被强调和重视，学生已成为教育法律关系中独立的重要主体，这些都要求高校对学生的管理方式也应发生相应的变革。基于高校与学生法律关系在性质上的变化，契约式管理也应采取不同的形式，并严格遵守不同形式契约的原则。在校方提供教育服务和生活服务的过程中，高校与学生之间存在平等的民事法律关系。比如，高校与学生之间存在一定的民事合同关系。学生的报考和高校的招录，相当于合同缔结中的要约与承诺；学生入学，要向校方缴纳学费，而作为回报，校方应提供一定质量的教育和生活服务。在学生付费、学校及其内部机构提供服务的领域，学校与学生地位平等，若有违约则必须承担法律责任。另外，学校的内部事务管理不能侵犯学生的财产或人身权利等。学生身份的消费者性质，要求高校，特别是公立高校，作为教育公共部门，要提供相应的公共服务及其物质条件，其中包括承诺的教育水准、充分的校园安全、足够的教学设备、良好的学习与生活条件等。在高校提供的生活服务领域，高校不应以管理者的姿态侵犯学生作为消费者的权利。

高校和学生之间的民事服务关系，是一种平等的民事契约关系。学生享有完全的自由、平等权利，有权要求学校提供高质量的服务。例如，高校在收取学生缴纳的诸如学费、住宿、生活用品、网络服务、餐饮等方面的费用后，有义务按承诺提供相应的产品与服务。高校在特定范围内，特别是在确立、变更、终止民事权利与义务关系的领域，如高校提供住宿，学生缴纳费用；学生提供一定劳务，学校支付一定劳务费等。通过高校或高校职能部门与学生之间订立民事契约，达成一定目标，已成为世界各国普遍采纳的方式。从同为民事主体的角度来看，学校和学生之间应该是一种平等的关系，双方都对对方既有权利又有义务。在学校拥有对学生的管理权的同时，学生也拥有维护自己权益的权利。学校不再拥有绝对的权威，学生也不再是完全的被管理者，二者之间具有平等的地位。目前，很多高校已开始通过与学生订立合同的方式来实施学生的宿舍管理、餐饮管理、网络使用管理、付费使用的校园资源管理等。

与此同时，在学籍学位、考试评估、教育教学秩序维护等教育教学管理领域，高校与学生之间存在行政法律关系。依据我国法律规定，经法律法规授权的社会组织，可以成为我国行政关系中的行政主体，拥有一定的行政职权。高校就属于这一类行政管理者，依据有关教育法的授权，可以对学生进行教学管理，做出奖励或惩罚，并自主决定是否对学生颁发毕业证或学位证。在这些活动中，双方之间并不具有平等的地位，是一种强制性的命令与服从的关系。因此，从理论上可以认为，这种关系属于一种特殊的公法上的行政关系。

高校与学生行政契约关系的建立，使得学生可以真正参与到高校事务中来。体现学生的主体地位，不仅可以减少潜在冲突的发生，而且可以改善高校与学生的关系，建立彼此合作、相互依赖、相互尊重、平等对话的良性互动关系和双方主体间的伙伴关系。契约的应用与缔结，使高校与学生在契约的维持下保持持续、稳定的协作关系，有利于学校秩序的稳固化。

（2）契约理念的基本要求

高校与学生之间契约的本质，既是高校用来维护教育教学秩序的手段，又是学生对高校权力进行限制的方式，这对高校以及高校学生管理工作者提出了新的要求。首先，要求高校平等对待学生。把契约的平等精神引入教育行政领域，让学生在与学校具有平等地位的前提下商议教育行政目标的达成，使得教育行政减少不平等与特权性的因素。契约的基础是双方主体地位平等、协商一致。契约的形成过程是民主的过程。契约充分体现了民主的本质与特性。现代行政本质上以民主宪政为基础，强调公民权利、人格尊严、社会公正与社会责任，重视公民的参与，充分体现了契约的精神。现代教育行政在法律授权的前提下，具有裁量性、能动性。在学生管理中引入契约理念，不仅与依法行政具有相容性，而且可以凭借契约手段灵活应对学生管理中出现的复杂动态和难以预见的问题。其次，要求高校尊重相对人意志。把契约的自治精神引入教育行政，使学生有选择的权利，进行商议的过程也是其利益权衡的过程。选择是契约精神中的应有之义。通过选择建立沟通渠道，这也是行政契约最突出的优点和功能，而一般行政行为缺乏沟通功能。契约作为一种制度、观念、方法，已在行政运行秩序中得以建立、吸收和广泛应用。在行政法学中，我国学者对契约能否在行政权力行使过程中予以运用或许会有不同看法，但对行政契约的存在、行政契约的特征以及行政契约的基本类型等问题的观点则大体一致。最后，要求高校重视学生的权利。在行政契约中同样有相对人——学生的权利。通过行政契约使高校更加尊重学生权利，同时通过学生权利的实现来制约高校的权力。考虑到高校权力制约的需要以及高校与学生之间的行政契约关系的特殊性，在高校与学生之间行政契约的缔结过程中，应有以下三个方面的限制：一是职权限制。高校必须在法律赋予的职权范围内缔结行政契约，不得越权行政。二是法律限制。高校缔结行政契约不得与法律法规的规定相抵触。三是内容限制。行政契约的目标是实现公共利益，因而行政契约的内容不得违反社会公益。在高校学生管理中强调契约精神，重视契约观念、契约手段以及契约制度，并不意味着完全以契约取代权力。高校的学生管理权力在教育法中仍然存在并发挥着应有的作用。契约意味着人性尊严、平等诚信、公正责任等，因而契约在高校学生管理中的引入，可以增强学校与学生的协作，提高学校教育服务的水准。

三、"互联网＋"在高等教育管理中的应用研究

在"互联网＋"的新时代，信息技术为高等教育管理工作提供了新的工作思路和发展途径。高等教育的"互联网＋"发展，可以创建高校教育管理工作的信息化体系和提高高校教育管理工作的效率，为高校教学工作提供更优质的服务，同时促进高校教育质量体系的总体提升。

（一）"互联网＋"下高等教育的发展趋势

将"互联网＋"运用在高等教育管理中，是对传统高等教育管理的有效补充，不仅可以继续充分发挥出传统教育管理的优势，还可以保证教育质量的提升。

第一，"互联网＋"下的高等教育管理。高校教育管理工作者要树立现代化的教育管理理念，运用互联网信息化技术在管理手段上进行创新，提高从业管理人员的基本素质和能力，实现教育信息资源的共享和促进高等教育改革的深化发展。在"互联网＋"技术的影响下，高校管理人员要充分发挥大数据的作用，对教学管理系统做出优化，促使管理制度和管理流程更加完善。

第二，"互联网＋"下的教师素养提升。在"互联网＋"的发展模式下，高校教育管理工作有了新的章程和形式，需要任课教师对教学模式有新的认识，不能像传统教学中的知识灌输那样，需要培养学生的自主学习能力，培养学生的创新意识和发散性思维。在"互联网＋"教学的新模式下，

学生可以提出个人的建议和教师进行沟通交流，师生之间是一种平等的关系而不是上下级关系。因此，新的教学模式需要教师自觉提升个人的综合素质，运用各种教学工具，全面提升课堂教学质量。

（二）"互联网+"对高等教育管理的影响

"互联网+"作为现代信息技术发展的产物，对高等教育管理产生了极其深远的影响。互联网技术有着很大的优势，加上高等教育管理的特殊性，"互联网+"对高等教育产生了双重影响。

第一，"互联网+"对高等教育管理的积极影响。"互联网+"技术可以促进高等教育管理工作的创新，提高高校教育管理工作的效率。"互联网+"可以优化高校教育管理的资源配置，从而实现管理工作的自动化发展，整合优势教育资源。"互联网+"技术的应用，可以促进高等教育管理工作的公平、公正发展趋势。通过信息化教育平台的创建，高校教育工作可以进行网络平台的管理和公示，最大化将管理工作透明化，从而保证参与主体的知情权，进而促使教育管理工作水平的不断提升。

第二，"互联网+"对高等教育管理的消极影响。尽管"互联网+"对高等教育工作带来了很多便利，但与此同时也让高校教育管理工作面临着巨大的挑战。只有真正把握和消除"互联网+"对高等教育管理的消极影响，才能够保证"互联网+"技术在高等教育管理工作中发挥最大的优势。首先是网络安全问题。当前在互联网技术支持下的高校教育平台面临着黑客和病毒等的攻击，一旦安全系统没有得到有效保障，高等教育工作就会面临严峻的安全问题。其次是专项财政资金问题。创建"互联网+"下的高等教育管理体系需要大量的资金投入，这就需要高校有专门的资金预算来支持学校网络体系工作的投入。

（三）"互联网+"在高等教育管理中的创新运用途径

对高等院校教育管理工作而言，只有不断地适应经济社会发展的新要求，不断引进先进的管理技术来提高工作水平，才能构建更为高效的教育管理体系。

1. 充分利用互联网技术

高等院校教育管理工作者要不断改变工作理念和创新管理工作方式，切实提高管理工作水平。为了充分利用"互联网+"的先进技术，高校要组织专门的人员对管理工作者进行技术培训和思想教育，真正将"互联网+"技术运用在高校教育管理工作之中，促使高等教育管理工作朝着系统化的方向发展。高等院校还要引进相关的软件和器材，通过完善互联网软件设施来保证管理工作的高质量发展。

2. 做好互联网宣传工作

要想实现高等院校教育管理工作的"互联网+"发展，就必须要做好思想宣传动员工作。只有通过广泛的思想宣传动员工作，广大教务管理工作者才能真正意识到"互联网+"在高等教育管理中的作用，才能够树立现代化管理服务的意识，自觉地在管理工作中运用"互联网+"技术来提高个人的工作质量。通过宣传教育工作，教师可以具备"互联网+"的思想意识，主动构建现代化的教学课堂，提高课堂教学质量。

第二节　高等教育管理的基本原则

我们追求的是这样一类高等教育管理原则，它们必须能较为全面、准确地反映高等教育管理活动的特点、本质与规律，即它们是根据一般管理学的原理提出的，同时又特别适用于高等教育管理领域。它们在理论上是完备的，在实际工作中又是切实可行的，以便有效地指导高等教育管理实践活动。高等教育管理基本原则可以包括七个方面，即高效性原则、整体性原则、民主性原则、动态性原则、导向性原则、依法管理原则、公平公正原则。

一、高效性原则

高等教育管理的高效性原则是高等教育管理本质的直接体现和具体化。它要求以一定的高等教育资源投入，培养和提供更多的合格高级专门人才与高水平的研究成果，或者说培养和提供一定数量的合格人才与研究成果。投入的高等教育资源要求越少，产出的数量与质量高，表明高等教育管理的活力就越突出。

任何一种社会机构或组织的活动都需要进行效益管理，都需要提高其工作效率。高效性原则揭示了高等教育管理追求的目标，这就是良好的办学效益，它包括经济效益和社会效益。办学效益的评判标准应该是高等教育所培养的人才和提供的研究成果对社会进步、经济发展、文化进步是否起到最好的促进作用，高等教育在实施过程中是否最大限度地利用了各种资源，最大限度地避免了浪费。高等教育在总体发展规划、具体专业设置、人员聘用、经费使用等方面必须具有充分的灵活性和活力，这是保证办学效益得到提高的前提条件。不过，虽然如其他领域一样，高等教育系统也关心管理的效益，但联系高等教育的组织特征（如总体目标的模糊性、利益联系机制的松散性等），在分析高等教育办学效益时，有两点需要注意：一是在一定的周期内，高等教育所花费的成本和实际获得的经济收益很难精确衡量；二是高等教育的社会效益无法用数字量化，通常能够计算出来的只有某些资源的利用情况，如人员、经费、设备、时间、图书资料等的使用效率可以得到一个概算。在过去几十年中，人们发现教育组织的效益很大程度上取决于其人力资源的质量和状况。人力资源计算作为一门技术正在形成，而依靠这一技术，我们可以计算一个组织中人力资源的价值，并估计管理政策的影响。但是教育管理活动的复杂性和多样性使现有的技术无法对一些无形的、间接的、综合的、迟效性的教育管理效益做出客观、精确的测定。这就使我们难以回答如何才能促进高等教育管理效益的提高，或者说有哪些因素影响着高等教育管理效益的提高。

有的学者提出了测量教育管理效率的五个方面供我们进行参考。

（1）用人效益。用人效益指成员潜能的发挥程度，具体考察现有人力、在用人力、实际有效使用人力，计算有效人数与实际人数的比率。

（2）经济效益。经济效益指投资的实际经济价值，投入与产出、有用耗费与无用耗费、有用效果与无用效果。

（3）时间效益。时间效益指时间运筹的有效利用率，法定工作时间与实际有效利用的工作时间的比率。

（4）办事效率也指工作效率。管理机构处理公务的实际成效，已办的与应办的、正确处理的与处理不当的，未办公务中由客观因素导致的件数与由主观因素导致的件数的比率。

（5）整体综合效益。整体综合效益指教育管理的社会效果，社会承认、满足的程度等。

二、整体性原则

高等教育管理整体性原则既决定于高等教育系统的整体性，又受制于培养高级专门人才的高等教育目的。管理是一个为了达到同一目标而协调集体所做努力的过程。目标不但为管理指明了正确方向，而且是一种激励被管理者的力量源泉。特别是当组织的目标充分体现组织成员的共同利益，并使之与每一位成员的个人目标结合在一起时，就会极大地激发组织成员的热情、献身精神和创造力。在高等教育管理系统中，管理过程的各个环节及各个方面也是围绕一个统一的目标（培养人才和开展科学研究）而运转的。这个统一的目标使高等教育的各项工作融为一个整体，而高等教育就是要从这个整体出发，协调各环节和各方面的管理工作。系统的最大特点在于整体的功能大于各部分之和，而这一系统原理为整体性原则提供了理论依据。系统的功能不仅体现在数量上，更重要的是体现在本质上，通常系统的整体功能相对于各组成部分的功能来说属于一种质变。在实际的管理工作中，经常遇到局部与全局的矛盾。从某个局部来看虽然能获得一定的效益，但是如果整体的损失超过局部的效益，那么就得不偿失了，所以我们总是强调局部服从整体的全局观点。研究明确表明，人需要给予具体目标才能调动潜在能力，也只有在达到明确目标后，才会产生成就感和满足感。用以维系管理整体性原则的目标只有具体化，并渗透于整个管理过程，成为一种稳定的宗旨，才能真正发挥其统率作用：全局的功效。目标管理的核心是把组织的目的、任务转化为目标，并使组织的总目标与各个部门、个人的目标融为一体，形成组织、部门、个人方向一致、明确具体、切实可行的目标体系。它强调以目标指导行动，以成就和贡献作为管理活动的重点，特别强调目标实现的整体性。

同其他系统一样，高等教育系统中没有任何人或组织可以单独满足自身的需要，而不依赖与他人或组织的合作。没有基于管理目标的合作行为就没有管理的整体性，事实上，也就没有管理本身。高等教育系统中存在各种不同的工作目标，这是社会与组织分工的产物，它们依托高等教育总体目标指导下的相互配合。在具有不同功能的组织中，整体性原则的体现方式是各不相同的。

三、民主性原则

高等教育管理的民主性原则主要由高等教育管理的学术性所决定。高等教育和高等学校在进行重大决策过程中都必须发扬民主的精神。高等教育领域人才荟萃，学术思想活跃。高等教育管理工作必须注意高等学校开展的学术活动，要充分体现学术自由的特点。高等学校的教学和科研活动从其本质而言是学术性活动，而离开民主与自由，学术性活动便无法开展。由前面的论述可知，高等教育系统是一个充满利益和权力冲突的系统，决策的制定和实施往往是各种力量协商或妥协的结果。这里任何独裁式的"一言堂"都有可能损害高等教育的学术价值。民主的基础是对个人价值的承认，学校如同其他社会组织（或机构）一样，要求一切受到决策影响的因素（法律、纪律、规章、决定、计划、标准等）都要反映出民主的精神和原则。学校的民主主要体现在学校重大事件的决策中，每个人都有权发表自己的意见，领导和组织必须在听取师生员工意见的基础上，按照科学的程序作出决定。在我国实行的是民主集中制，因此，在民主原则的运用中，国家、集体的利益始终是第一位的，应在此基础上正确处理好国家、集体、个人三者的关系。民主与公正是紧密联系的。在高等教育管理中，公正意味着建立严格、透明的规章制度。人们享受公平的同时享受民主。公正要求做到平等、正大光明，不允许营私舞弊、以权谋私，而且要受到民主的监督。民主性原则要求在高等教育管理中制定决策的民主化、执行决策的民主化、检查决策执行情况的民主化、评定决策执行结果的民主化。

1. 制定决策的民主化

高等教育管理中计划与决策工作要充分发扬民主精神。这种民主精神体现在让被管理者，更确切地说是让决策的具体执行者民主地参与决策的过程。这样可以集思广益，提高决策的科学性，使之能更切合实际。

2. 执行决策的民主化

管理者要随时了解和掌握决策的执行情况，在此基础上调整和改进决策的执行方案与方法，以保证决策的顺利实行。这一过程中，不论是了解执行情况还是调整、改进执行的方案和方法，都离不开民主的过程。管理者要尊重下属，要虚心向他们求教，及时而合理地对方案与方法的执行进行调整和改进。

3. 检查决策执行情况的民主化

检查决策执行情况时，管理者不能凭主观臆断，而要根据决策的目标、决策执行的实际情况，结合管理者的实践经验，实事求是地进行判断。在这一过程中，让决策执行者民主地参与检查工作是非常重要的。

4. 评定决策执行结果的民主化

决策执行结果的评定不仅关系到对本决策的制定者和执行者工作的评价，而且关系到下一个决策的制定与执行。评定工作要贯彻民主原则，这有利于激发和强化决策者与执行者的工作热情，有利于发挥和发展他们的创造性，最终有利于高等教育管理效益的提高。

四、动态性原则

高等教育作为一种社会系统，与外部环境处于动态的相互作用之中。开放系统的一个特点是能够影响其内部子系统，以便对各种环境中的偶然事件做出反应。管理活动与管理对象、管理环境之间有着本质的、必然的联系。根据对高等教育组织特征的分析，高等教育管理过程中要完成的任务、组织的结构、用来完成任务的技术和参与的人员都处于动态之中。因此，一方面，高等教育活动必须按照管理的基本原理和原则来进行，保持管理的相对稳定和应有秩序；另一方面，高等教育管理的对象、内容、方式、手段等都在变化之中，要求运用高等教育管理原则时具有灵活性。

管理学中的权变理论为把普通的组织管理原则与各组织独特的、具体的情况联系起来提供了一条途径，其有三个基本观点：一是对学校的组织和管理不存在一种最好的通用方法；二是在一个特定的情景中，并不是所有的组织和管理的方法都是同样有效的，组织效率的结构设计或方式并不适合一定的情景；三是组织设计和管理方式的选择必须要建立在对情景中的重大事件进行细致分析的基础上。权变理论要求从有效实现组织目标的角度出发，灵活、动态地选择处理偶然事件的方法。如"民主型"领导和"专制型"领导哪一种领导类型更好呢？用权变的方法分析，首先要弄清"好"意味着什么。"好"也是相对的，因为管理者的意图是最大限度地实现组织目标。"好"可能解释为"有效的"，这时候问题就变为哪一种领导类型对实现学校系统的目标可能做出更大的贡献，这就要权衡组织运作的动态性和有效性。

五、导向性原则

高等教育管理的导向性原则主要是指通过管理手段引导所有的组织成员向着既定的目标努力。我们制定的方针政策、提出并采取的工作措施、营造的工作环境等都具有这种引导作用。

从政治导向的角度讲，高等教育管理导向性原则主要是根据高等教育管理的两重性规律提出来的。高等教育管理的自然属性使我国高等教育能按照对外开放政策，向国外学习先进的科技和管理经验；高等教育管理的社会属性则决定各国的高等教育管理不能全部照搬，必须要考虑到不同的社会形态。

从管理工作导向来讲，主要是措施和条件导向，管理的手段、方法、环境等。组织成员在管理者的旗帜下，自觉或不自觉地努力工作，这里还存在利益导向、心理导向的问题。这是从不同的角度看导向，运用导向性原则的问题。

六、依法管理原则

《中华人民共和国高等教育法》是指导和约束中国高等教育活动的根本大法。《中华人民共和国高等教育法》从总则、高等教育基本制度、高等学校的设立、高等学校的组织和活动、高等学校教师和其他教育工作者、高等学校的学生、高等教育投入和条件保障、附则全面规范了高等教育的活动，做到有法可依。有些方面是我们应该特别注意的。

总则中，《中华人民共和国高等教育法》准确地界定了高等教育的定义。高等教育，就是指在完成高级中等教育基础上实施的教育，使我们对高等教育的基本概念有一个统一的认识。

第四条规定了高等教育必须贯彻国家的教育方针，为社会主义现代化建设服务、为人民服务，与生产劳动和社会实践相结合，使受教育者成为德、智、体、美等方面全面发展的社会主义建设者和接班人。

第五条规定了高等教育的任务是培养具有创新精神和实践能力的高级专门人才，发展科学技术文化，促进现代化建设。规定了国家主办高等教育的目的和任务，就是要根据经济建设和社会发展的需要，制定高等教育发展规划，举办高等学校，并采取多种形式积极发展高等教育事业。鼓励企业事业组织、社会团体及其他社会组织和公民等社会力量依法举办高等学校，参与和支持高等教育事业的改革和发展。按照现代化建设和发展市场经济的需要，根据不同类型、不同层次高等学校的实际，推进高等教育体制改革和高等教育教学改革，优化高等教育结构和资源配置，提高高等教育的质量和效益。

《中华人民共和国高等教育法》规定高等学校应当面向社会，依法自主办学，实行民主管理。

在高等教育管理的实践活动过程当中，我们已经感受到了依法办事的重要性，这是因为中国正在逐步向法治化国家的轨道迈进。高等教育活动中的矛盾只有通过法律法规的程序才能得到妥善处理，特别是国家与国家之间的矛盾、高等教育内部与社会其他部门之间的矛盾、高等教育组织法人与其他法人主体之间的矛盾、高等教育组织内部法人与法人之间的矛盾、高等教育内部成员之间的矛盾等。由于人们法律意识的增强，通常都会通过法律的程序解决高等教育活动中的矛盾。因此，依法管理的原则也显得越来越重要。

在高等教育基本制度中，规定高等教育采用全日制和非全日制教育形式，与此同时，支持采用广播、电视、函授及其他远程教育方式实施高等教育。规定了高等教育的教育层次：高等学历教育分为专科教育、本科教育和研究生教育，以及各类教育层次的修业年限、基本规格、学位管理、证书管理等。规定了高等学校设立的标准，具备教育法规定的基本条件，学科专业等科类的设置标准，高等学校的章程。规定了高等学校的组织和活动，领导和管理体制，法人资格，依法享有民事权利，承担民事责任，自主办学的权利与义务。规定了高等学校的性质、义务、功能及服务应当以培养人才为中心，开展教学、科学研究和社会服务，保证教育教学质量达到国家规定的标准。规定了大学生的权利与义务，明确了高等教育的投入和条件保障制度。

依法管理的原则，就是要依据这些法律，还有教育行政主管部门规定的法规，来规范高等教育活动。从微观高等教育管理来讲，要依法治校，建立健全各种规章制度，依法行政，通过制度来规范管理者的行为。

七、公平公正原则

公平公正原则是市场经济体制下高等教育管理活动的基础，是调动各方积极性、有效地完成高等教育任务、达到高等教育目标的前提。任何高等教育活动都是由人来完成的。公平公正是对人的教育心理活动的基本保证，否则，缺乏公平公正，设计再好的管理活动，也难以达到满意的效果，因为它挫伤了人的积极性，阻碍了人的主观能动性的发挥，影响了生产力。长期以来，许多管理者不太重视公平公正的原则，不注重管理活动中人的感受，把自己的意志强加于别人之上，通过权力来贯彻自己的意志，甚至打击正义，鼓励错误，最终导致管理失败。在管理的实践当中不乏这样的例子，由于有失公平，很好的管理活动和方案流于形式，最终流产或者效果十分糟糕。

除了上述这些原则外，我们还可以总结出其他的如权威性原则、可操作性原则等，这里不再一一列举了。

第三节　高等教育管理原则的应用

我们研究高等教育管理原则的目的最主要的是将这种原则思想贯穿于具体的管理活动中，指导我们实施的管理方法和管理措施。目前，高等教育管理方式可以归纳为四种，即组织能级管理、目标绩效管理、标准量化管理、多种组合管理。在这些管理过程当中，规划、组织、领导和协调可以考虑遵循某些主要的、最基本的原则。

一、组织能级管理

组织能级管理是一种较为传统的高等教育管理方式，它是通过一级一级的行政组织及其权力来实施对高等教育的管理的。这种管理方式中最主要的是强调计划性管理，强调上下级组织及管理者的服从管理。

这种管理方式对管理者的素质要求高，特别是管理组织中的各级领导要遵循管理的民主性原则。在管理抉择的活动中，在制订计划中，不仅要听取同级组织中成员的各项意见，还要听取下级组织中成员的意见，充分发挥民主参与的作用，把成员的智慧为我所用；与此同时，要让各级组织的成员充分理解、认同领导者的意图，只有这样，组织的目标才会很好地实现。

此外，依法管理的原则在组织能级管理中显得尤为重要。能级管理中强调的是以领导为中心，管理者依靠行政权力进行管理，往往会造成个人说了算，而依法管理是对管理者的无序和独断专行的制约。

二、目标绩效管理

目标绩效管理是当前许多高等学校尝试的一种新的管理模式。教育目的与任务不同，教育行政或教育组织目标绩效管理的内容也不同，但是，都是以体现教育价值的结果为目标的。事先要确立一个客观的目标，然后，通过一个阶段管理活动的实施，评价管理活动实施的最终业绩和效果，体现管理的价值。因此，这种管理要遵循正确的导向性原则、目标与考核挂钩适度的原则、公平公正的原则。

一般情况下，目标绩效管理是一种完成中短期、阶段性任务的管理活动，是为中长期的规划和目标服务的。正确的导向性原则是指制订目标的指导思想导向应该十分明确，而这种措施的导向就是为达到中长期的发展目标和工作目标服务的。目标的导向性对于组织的管理，特别是组织成员的心理目标的实现是很重要的，因为管理者确定的目标本身就是一种导向，是通过具体目标的实现达到促进某方面工作的推进、某项事业的发展。这是管理者在推进这种管理模式的时候必须要考虑的最根本的问题。同时，导向性原则体现在目标的具体指标任务上，要有导向促进作用。目标与考核适度挂钩的原则是一个比较难把握的原则，因为它的核心是与集团组织或者个人的利益挂钩，是一种心理刺激最敏感、最有力度的方面，它要考虑很多客观的情况。第一，它与组织内部的人事分配制度有直接的联系；第二，它与组织外部的利益分配环境有很大的联系；第三，它与管理者的期望值、组织成员的期望值有很大的关系。这种度把握得好，导向的功能就强，导向就是成功的，反之，导向就是失败的。

在目标绩效管理中，一般情况下，管理的对象是多个组织、多个群体，因此，管理活动特别注重公平公正的原则。管理活动的公平公正原则主要有三个方面：一是指标体系确定的公平性；二是过程管理的公平性；三是考核评价的公平性。管理活动应公平公正地获取真实的考核信息，严格执法，在最终的结果处理上不搞双重标准，若不考虑组织及其成员中的差异性，不规范管理者自己考核过程的行为，价值信息结果提取不公平，矛盾处理中决断不公正，必将会导致价值的扭曲，影响管理的效果，甚至会导致管理活动的失败。

三、标准量化管理

标准量化管理模式与目标绩效管理在某些方面有共同之处，是高等教育行政和高等教育组织管理今后发展的方向之一。日前，国内的高等教育行政管理和一些高等教育组织已经开始探索和实施标准量化管理。例如，国家实施的高等学校教学工作水平评估就是典型的标准量化管理方式。与此同时，有些教育组织内部在某些方面推进国家质量论证标准的管理，特别是可量化管理的活动实施标准量化管理，如教学活动的过程管理，对于某些教师教学行为的规范要求、实验室实验教学的规范要求、教学管理的规范要求等是可以量化的，在这些领域实施标准量化管理是一种有益的尝试。那么，这种管理方式要遵循标准的权威性原则、实施办法的简洁性原则和运行过程中的可操作性原则。

首先，标准量化管理一定要有定量标准的权威性，不论是国家的、社会的，还是团体组织的，必须由权威部门组织权威专家制定质量论证标准。与目标绩效管理一样，标准量管理也同样存在标准的高低问题。

其次，标准量化管理最主要的问题之一是实施和操作过程中的简洁性及可操作性，这也是必须要遵循的原则。标准量化管理本来是一种非常明确的管理方式，但是，如果把标准搞得很复杂，结果将会变得事倍功半。

四、多种组合管理

目前，不论是高等教育的宏观管理还是微观管理，特别是有一定组织规模的管理，还不能说只是某一种专一模式的管理，可能是一种组合模式的管理，这是因为社会形态的多样性决定了管理模式的多样化。因此，推进两个及两个以上的多种管理模式必须要遵循整体的原则、高效的原则。

作为一个团体及组织，其总的目标是一致的，多种组合管理模式只是方法的不同，那么在具体实施这些方法时要考虑整体性。可以容许不平衡，因为没有绝对的平衡，如果这种不平衡是一种积极行为的话，那么应该是正面的效应。但是要从整体考虑这种不平衡，因为不同模式的实施是有成本的。不同模式的成本要考虑整体的成本，最后达到共同的管理目标与效果。

在一个组织内部，存在多种组合管理模式是容许的，但是，这里存在一个效率的问题。一个组织内部的多种模式管理不同于单一的模式管理，牵扯到管理者的许多精力。另外，管理的组织机构运转起来也稍感复杂，这势必影响管理的效率。因此，实施多种组合模式的管理要遵循效益性原则就显得尤为重要。

第三章 高等教育的管理功能

高等教育管理的功能，从不同的角度可以归纳出多种不同的功能。一般情况下，人们可以认为管理就是规划、组织、协调、控制，是否能从这几个方面来分析管理的功能？仔细分析起来，应该从抓主要矛盾出发来看它的功能，即从两个最主要的方面来研究分析高等教育管理的功能，即高等教育管理的规划功能和控制功能。

第一节 高等教育的规划与组织功能

规划是指对事物未来的发展进行预期目标和工作计划的整体设计。从宏观上来讲，规划功能是指高等教育管理中的战略发展规划这一事物的有效作用；从微观来讲，是指高等学校的事业发展规划的功用。规划是管理活动中首要的任务，因此，它的功能也是我们必须先要弄清楚的。

这里的组织实际上是指项目与活动的规划出台后，具体进行的组织实施。通过组织管理运作模式和运作机制，组织和调配相应的资源实施这一计划。组织实施是管理活动中方式方法的另外一个问题，这里主要围绕高等教育中的规划问题展开讨论。

一、高等教育规划的依据

在计划经济时代，高等教育规划就是指高等教育计划。中国的高等教育计划是 20 世纪 50 年代末至 60 年代初，在世界经济大发展的背景下，受计划经济体制的影响，逐步产生和发展起来的。随着市场经济体制的推进，作为影响高等教育系统发展的一种技术手段，高等教育计划通过对高等教育系统进行合理的分析，使得高等教育系统能够更好地满足个人和社会的需要，更有效地实现个人和社会的目标。因此，高等教育计划的产生和发展与社会经济、人口发展对高等教育的需求密切相关。

（一）高等教育规划产生的社会背景

1. 经济因素

我们这里讲经济因素，实际上是两个方面：一个是国家经济体制的因素；另一个是经济发展的需求问题。20世纪50年代末至60年代初是世界经济大发展的时代，伴随着这一时代经济繁荣的一个必然结果是国民对高等教育需求量的增加。而在中国，教育的需求主要与国民经济的发展需求相适应，与国家政治的需求相适应。因为国家的政治、经济体的性质决定了国民的财产与生活基本上是靠集体所有制和全民所有制来管理的，所以国民自己所拥有的劳动剩余价值没有多少，没有什么资产，国民需求与国家教育规划没有多大的联系。随着国家政治、经济体制的改革，计划经济体制向市场经济体制转变，人及其人力资本成了市场的经济体。人有了资产，人的教育需求就有了经济基础。教育的需求问题不仅是国家的需求问题，也成为一种社会的需求，一种国民教育的需求，而不再仅仅是国家机器的需求。根据恩格尔定律，随着人们收入水平的不断提高，用于生活必需品方面的支出占整个收入的比例会不断下降，而用于包括教育在内的其他非生活必需品方面的支出占整个收入的比例会不断上升。

2. 人口因素

人口因素主要是指人口增长对教育需求的影响。除了经济因素外，人口因素是导致国民高等教育需求量增加的一个重要因素。第二次世界大战以后，世界人口急剧增长。这些战后出生的人，到20世纪60年代末至70年代陆续跨入了接受高等教育的年龄组，使接受高等教育的人口数量迅速增加，直接导致了高等学校在学人数的快速增长。国民对高等教育需求量的增加，对高等教育规划的产生、发展起到了直接的推动作用。政府或社会要满足大批国民对高等教育的需求，不仅需要大量的教育资源的投入来支撑庞大的办学系统，改善办学条件，而且要合理组织教育系统，合理利用有限的教育资源等。所有这些，显然都有赖于周密规划的保证。对此，20世纪60年代后，许多国家开始把制定高等教育事业发展规划作为政府的一项重要教育管理职能，不少国家还建立起了专门负责进行高等教育规划的机构，希望能借此确定高等教育的发展目标及高等教育系统中各个部分的先后发展顺序，为政府进行高等教育决策提供指南，使高等教育系统中资源的使用尽可能优化。总而言之，人口因素主要是人口增长与教育资源的矛盾问题，它是教育规划中教育规模规划的重要依据。从历史或全球来看，如果完全按照市场来决定高等教育的需求问题是不可能的，教育不可能市场化，教育问题不可能完全由市场来解决，特别是在中国，目前教育规划仍然带有国家性。

3. 人力资本因素

在市场经济体制的建立中，人力资本是最活跃的因素。人力资本的来源主要是通过教育的生产来达到的。人力资本需求越旺盛，教育的需求就越旺盛；人力资本的质量和水平要求越高，对高等教育质量与数量的需求就越高。随着高等教育在社会经济生活中的地位逐渐提高，人们研究教育与经济关系的兴趣也日渐浓厚。在这种情况下产生了人力资本理论。人力资本理论创立的动力来自经济学家对经济增长问题研究的兴趣。传统西方经济学把土地、劳动、资本看作生产的三个要素。在一定时期内，生产的产量是由劳动、资本和土地三个基本要素的投入量决定的。第二次世界大战以后，西方经济学家从对经济增长中生产要素组合比例的分析中发现，影响经济增长的因素除了资本的投入和劳动的投入外，还有其他因素。那么，其他的因素是什么呢？人力资本理论把这些因素归结为知识的进步、技术的改造和劳动力质量的提高，即归结为人力投资，特别是教育投资的结果。人力资本理论的核心概念是人力资本，它指的是人所拥有的诸如知识、技能及其类似可以影响从事生产性工作的能力，它是资本的形态，是未来薪金或未来偿付的源泉。人的资本形态体现在人的身上，属于人的一部分。人力资本是相对于物质资本而言的，它是一种生产要素资本，对生产起促进作用，是经济增长源泉，并且和物质资本相比，在经济活动中的作用更大，对经济增长的贡献更大。倡导人力资本理论的学者尤其重视教育投资的作用，认为教育不但是一种消费，也是一种投资活动，能够提高劳动生产率，产生经济效益。在各种人力投资形式中，教育投资是最有价值的。舒尔茨曾经指出，就美国经济增长而论，已有大量证据充分表明学校教育和知识的增加是经济增长的主要源泉。作为一种重要的投资活动，就个人而言，个人接受教育可以增加知识和学习技能，提高个人所得；就社会而言，教育为社会培养各类人才，提高其生产力，促进了社会经济的发展。与此同时，因为个人的教育水平同个人的收入联系在一起，所以一个人的教育水平越高，其工资收入也就越高。因此，国家可以通过平均性的教育发展政策减少国民教育水平的差异，从而相应缩小国民收入分布的方差，最终促进社会的平等。人力资本理论对教育与经济之间关系的新认识，不仅带来了人力投资革命，而且对教育界产生了极大震动。无论是发达国家还是发展中国家，都把教育看成是经济发展的一个重要变量。教育的繁荣不仅会带来政治的安定和文化的进步，还会促进经济的加速发展。

（二）高等教育需求的构成

1. 社会对高等教育的需求

社会对高等教育的需求反映出社会政治、经济、文化等的发展对高等教育所提供的人才数量的多寡、质量的高低、规格和种类，以及知识的创造、科学技术的更新等方面的要求。具体来说，社会对高等教育的需求主要体现在以下三个方面。

（1）经济发展对高等教育的需求。随着经济的不断发展，社会对高级专门人才的需求也在不断增长。就我国情况来看，因为各地区、各行业生产力发展水平有很大差距，表现为多层次的生产力结构，所以各地区、各部门对高级专门人才的需求是有差别的。另外，高新技术产业的崛起，信息时代的到来，产业结构的变化，对人力资源的组合也提出了要求，而这些要求最终反映在对高等教育的需求上。从生产力发展的需求来看，为了最大限度地满足社会的教育需求，许多国家开始对高等教育系统进行分析、规划和改造，并为高等教育系统的发展制定规划。许多国际性组织，如世界银行、联合国教科文组织、经济合作与发展组织等也进行了大量的教育规划研究、培训、实践工作，推动了世界范围对高等教育事业发展规划的重视。

（2）政治发展对高等教育的需求。各个国家和政府都要维持和发展其政治体制，要保持其在国际上的竞争力。教育是有效地维持和发展现存的政治结构的重要工具。在我国，社会的发展要求有大批合格的接班人，尤其是政府部门的各级领导和管理人才。随着我国政治体制的改革和完善、国家公务员制度的实施，政治发展对高等教育的需求亦越来越大。

（3）文化发展对高等教育的需求。人类在认识和改造自然与社会的同时，也促进了自身的发展和提高。人类在长期的社会实践活动中，不仅创造、积累了光辉灿烂的人类文化，而且要不断保持和继续创造更加灿烂的人类文化，对此，高等教育起着特殊的作用。人类文化的发展对高等教育有着巨大的需求。

2. 个人对高等教育的需求

从个体对高等教育的需求上看，尽管这种需求受到很多因素的影响，但是经济水平的提高是一个非常重要的因素。相关研究证明，人们的教育需求与他们的收入水平是密切相关的。收入水平高的国家，高等教育阶段学龄人口的入学比例也高，经济收入水平高的家庭对高等教育有很旺盛的需求。因此，高等教育的规模、层次、质量、水平等的需求是高等教育规划最基本的背景。在高等教育规划的背景中提到过个人需求与计划的关系，这里，笔者更进一步分析这种需求关系。个人对高等教育的需求主要反映了个人对高等教育发展所提供的受教育机会、受教育质量的要求，而这一要求是由人的职业需要，成就需要，真、善、美的需要所引起的。

（1）职业的需要。随着市场经济体制的建立，劳动力市场也不断走向成熟和完善。开放的劳动力市场对不同质量的劳动提供不同的市场价格。而人的素质往往由受教育程度的高低来界定，受教育程度越高，谋求理想职业和获取较高报酬的机会就越多。这促使个人及其家庭尽其所能去争取较高的及较优的教育机会，期望得到较好的工作机会及报酬。高等教育是教育层次中最高层次的教育，是专业教育，自然就成为个人职业竞争的初始焦点。从这个角度来说，个人的高等教育需求是最现实的、最迫切的。

（2）成就的需要。成就的需要包括谋求较高的社会地位，以期望获得别人的尊重；发挥个人的聪明才智，获得工作的成就。这些需要的满足往往是以接受高等教育为前提的。能够接受高等教育本身就是一种成就，即学习成就的一种标志，而接受完一定程度的高等教育又为今后在工作中取得成就、为个人更好的发展奠定了基础。

（3）真、善、美的需要。真、善、美就是向往追求真理，追求人自身道德的完善，追求美的情感和事物。在某种情况下，真、善、美的需要不可忽视，它是人们追求高等教育的一种动机力量。真、善、美的需求往往没有被人们所重视，而实际上，但凡接受高等教育的大学生，在校园文化的熏陶下，其德育、智育、体育、美育等方面都得到了发展。学校德育的影响使大学生的世界观、价值观、道德观上的真、善、美得到升华；知识的学习使大学生认识世界、改造世界的能力大大增强，人变得越来越聪明，真、善、美的识别能力得到增强；体育不仅训练了人的形体美，而且培养了大学生欣赏体育美的能力；至于美育，既是专门教育的结果，也是整个大学校园文化综合的结果。

以上几种个人需要构成了个人追求高等教育的基本动机，体现了个人对高等教育的需求。个人和家庭是社会的一部分，因此，个人对高等教育的需求也可看作是社会对高等教育需求的组成部分。我们应当重视对这部分需求的研究，因为个人的需求往往是社会需求中最敏感的部分，社会发展对高等教育提出的各种需求常常是通过个人的需求首先反映出来的。个人的需求和社会的需求有着紧密的联系，两者在很多情况下往往是保持一致的，个人的需求也会影响社会的需求。由于资源有限，社会需求和个人需求不可能都得到满足，不断地会有需求矛盾的产生。即使是富裕社会，往往也不能完全满足民众对高等教育的实际需求，可能会产生新的需求矛盾。

因此，在高等教育的规划中，需求是根本，从一定的意义上讲，没有旺盛的需求就没有兴旺的高等教育，需求推动了高等教育的发展。

（三）高等教育规划的方法

高等教育的需求来自社会和个人两个方面。以高等教育的需求为基础的规划方法亦相应地有两种：一是人力需求法；二是社会需求法。

1. 人力需求法

人力需求法是一种运用得较为广泛的规划方法。人力需求法的基本假定：经济发展有赖于教育提供促进经济增长所需的各种受过教育和训练的人力，经济各部门的劳动生产率投入与产出结构是可以预测的，每一种产出和劳动生产率的水平都与一种特定的职业结构相联系；每一职业都有最佳的教育结构；技能和教育之间存在对应关系；劳动力市场的过剩或短缺通过发展教育来协调。因此，必须首先借助规划来预计通过高等教育培育人才的数量与质量，以确定社会需求的总量及各级各类人才的数量，指导高等教育机构来完成教育任务。人力需求法的基本原理是以社会经济发展对人力的需求为出发点来制定规划，具体来说，通过了解国家在某一时期劳动力的职业与教育结构和产出水平之间存在的联系，来确定高等教育的质量与数量。在供应方面，如果具备规划内每一年现行教育制度期望的产出数据，便可以计算出目标年每一职业所需补充人力数与实际可供应数之间的差额，据此可以调整和规划各个层次与学科的招生数和毕业生数。从经济与人力资源的需求平衡来预测和规划，应从如下八个方面考虑。

（1）预测经济总产出。因为人力需求预测的目标是把教育与经济发展联系起来，所以首先要预测目标年的经济总产出或预测基年与目标年之间的经济增长率。

（2）预测部门产出。将经济总产出分解为各个部门的产出，计算出国民生产总值在各经济部门的分布。这里的部门是指国家的行业管理部门。

（3）预测部门的劳动生产率。估算劳动生产率及基年与目标年之间劳动生产率的变化，把产出目标换算为人力需求。

（4）预测各部门的职业结构。把每一部门的劳动力分解为职业组，统计出职业组的需求结构。

（5）预测总职业结构。将全部部门同类职业所需人力相加，得到为实现经济产出目标所需的每一职业的人力数和综合职业结构。

（6）估计每一职业所需的教育层次和类型或每一部门内每一职业所需的教育层次和类型。

（7）估算附加人力需求。根据受到过教育的各级各类人力的现有储备，考虑计划期内离职和流动人力数，得出按教育水平表示的计划期内所需附加人力数。

（8）平衡人力供求。根据计划期每年的附加人力需求数和各级各类学生毕业情况，考虑毕业生的劳动参与率，规划每年各级各类学校的招生数。

2. 社会需求法

社会需求法是基于人力需求法，然后对整个社会的政治、经济、文化的发展来考虑的。对于一个国家来讲，它不仅要考虑需求的个体、局部，更要考虑国家的整体，如地区、行业的需求，是更宏观层面上的需求。社会需求法是一种常用的高等教育规划方法，其思想是以个人对高等教育的需求为出发点，把高等教育个人的投资和消费集合成整体，并尽可能地满足个人对高等教育的需求，以这种需求为基础制定高等教育整体规划。与此同时，社会需求法还要站在更高的角度，预测整个社会未来可能的需求。社会需求法是以个人的教育需求为基础的规划方法，这里的社会需求是一个集合概念，它把个人的决定集合起来。从另外一个角度来讲，社会需求法的基本原理是建立一个描述教育系统的模式，用学生从一级教育向另一级教育的流动来描述教育系统的活动。那么，人口预测是其基础，升级比例是其最重要的参数，结果是毕业生就业与社会的需求平衡。特别是当一个国家的社会需求产生社会发展与教育之间的矛盾时，社会需求就会产生作用，极大地影响高等教育规划，并以此来预测和规划未来的高等教育。

3. 组织发展需求法

前面我们研究的出发点是在宏观高等教育管理的基础上的，对于微观高等教育管理，学校组织的规划一般是根据上级教育行政管理部门的要求，特别是学校的发展来组织制订的。学校的发展目标、学校的资源状况是学校组织制订规划的依据，组织发展的需求是制订好规划的动力。

二、宏观高等教育规划

宏观高等教育规划是国家及政府层面上的规划，我们可以称之为战略性的规划和指导性的规划。这一层次上的规划有许多，下面主要分析有关事业发展类的规划。譬如，编制国家的高等教育事业发展规划主要有以下三方面的工作要做。

（一）提出规划的指导思想

规划要以国家关于高等教育发展的总方针和有关精神为指导思想，以国家教育事业发展的总规划为重要依据，贯彻科学发展观，加强统筹安排，控制高等学校设置的数量，提高高等学校设置的质量，调整和优化高等学校布局结构。

（二）设计规划的内容

一是总结和分析前一个时期高等教育发展的整体情况：高等教育的需求与目标完成情况；高等教育资源结构布局情况；高等教育改革情况；高等教育经费情况，特别是高等学校的经费保证和财力支持情况；高等教育办学条件情况；高等教育资源的现状，包括数量分析和结构分析。二是提出今后一段时期高等教育发展的目标。根据上一时期目标完成情况，在充分考虑现有高等教育资源的前提下，提出今后一段时间高等教育的总体规划目标，如高等教育的发展规模、发展速度，高等教育的各种结构协调，教育层次的发展等规划。三是高等教育经费财政保障。提出预算内教育经费增长的政策保障和具体措施，以此来作为高等教育发展的前提。四是完成目标的步骤和措施。

（三）编制规划的程序和方法

地方高等教育事业发展规划相对于国家层面上的规划有些区别，但总的格式没有大的差异。一般情况下，地方政府的高等教育事业发展规划应根据国家的有关文件精神和要求进行编制。规划的内容也基本反映在四个方面。一是本地区前期高等教育发展的整体情况，除了发展的规模、结构、质量、速度外，还有前期本地区财政性支出对高等教育支持的情况、本地区办学条件的总体情况，分析本地区高等教育资源的现状，包括数量分析和结构分析。二是根据本地区前期经济社会发展需要和今后高等教育发展的规划目标，在充分考虑现有高等教育资源尚可利用的剩余容量前提下，提出本地区今后高等教育发展的规划。此规划应包括高等教育的总体规划目标和各级各类分项目标。三是经费来源和财政保障。提出今后保证本地区高等教育经费预算内事业费年均水平比上一时期有增长的政策保障和具体措施，以此来作为本地区本期间高等教育发展的前提。四是完成规划的具体步骤与措施。与此同时，地方高等教育规划受国家的指导和控制，国家为了保证各地方各地区高等教育的协调发展，在确定地方高等教育规划的时候，要提出审查意见，履行审批手续和程序。这体现了《中华人民共和国高等教育法》中规定的国家对高等教育的管理，是由高等教育管理体制决定的。

三、规划功能分析

既然规划功能是指规划的效用，那么规划的实质内容主要表现在两个方面：一是规划中的目标的科学性；二是为达到目标所制订工作方案的可行性。规划是一种预期设计，结果也是预期的，实际上，真正的效用要通过结果来检验。我们讲规划中的目标的科学性和方案的可行性只是一种过去经验性的思想要求。目标的科学性主要指要求目标确定是通过一定的科学程序完成的，是通过各个层面及专家系统的作用来实现的，是经过了科学的研究与论证确定的。方案的可行性是指完成目标的工作步骤和措施是否客观，方案的设计是否考虑到了各工作要素和客观环境条件，是否与这些因素有太大的冲突等。综观一些教育的或者高等教育的事业发展规划的历史，对比过去我们感觉到，现在编制的规划越来越讲求实效，目标的确定变得越来越清晰，基本上通过定量与定性的指标就可以反映出来，可定量可定性的时候一般是定量反映；而在这些量化指标的背后，在这些定性描述的背后，是经过了许多人、许多程序形成的。下面以高等学校事业发展规划来加以说明。

（一）规划的顶层设计功能

不论是宏观高等教育管理还是微观高等教育管理，规划是顶层设计。宏观高等教育管理中的规划对于高等教育的大政方针、发展方向和发展目标都进行了宏观的规划，给出了整个国家或地区的高等教育规划发展蓝图。

微观高等教育管理规划是学校组织发展的顶层设计。微观高等教育管理规划中确立的办学思想是学校发展的灵魂。

从中可以看出，学校应遵循科学发展观，准确把握当代高等教育发展趋势，紧紧围绕区域经济和社会发展需求，对当前和今后一个时期学校的发展进行科学定位。规划要反映以下六个方面的定位。

（1）发展目标定位。用数十年的时间，把学校建设成优势突出、特色鲜明的高水平综合性大学。

（2）办学类型定位。经过不懈努力，学校由目前的教学型大学发展成教学研究型大学。

（3）办学层次定位。以本科教育为主，积极发展研究生教育，适度发展高等成人教育和职业技术教育，努力拓展国际合作教育。

（4）学科门类定位。以服务行业的优势学科为特色，以工、农、文、理学科为重点，多学科门类协调发展。

（5）培养目标定位。培养基础扎实、知识面宽、综合素质高的具有创新精神和创业能力的高级专门人才。

（6）服务面向定位。立足地方，面向全国，服务地方，服务行业。

（二）规划的战略功能

规划具有国家高等教育发展战略功能、地区高等教育发展战略功能、学校发展战略功能。它是一个战略谋划的过程，这是由规划的性质所决定的。

国家和地区的宏观高等教育发展战略把高等教育的大政方针、目标措施等进行系统集成，成为中长期的发展战略蓝图。

四、大数据下高等教育管理的对策

（一）提高师资队伍的数据素养

高校中大数据的管理和应用主要依靠的是教师，而在内部提升高校师资队伍中数据的素养，则需要高校的管理者对高校教育管理进行改革，此项工作具有重大的意义。在大数据的背景之下，想要提升师资队伍的数据涵养，必须要从科研、教学、技术型教师方向入手，并对此类教师进行正确的引导，让他们将大数据意识和大数据理念结合起来，不断提高教师的专业素养。高校教育管理过程中需要从课程知识、统计素养、信息素养、评估素养等方面依次进行管理，并对管理中的共时信息数据、历时信息数据、学校风气数据、印象数据、行为数据以及评估数据等进行解释、分析和集中,将数据转化为一个可操作性的教学实践和教学知识,从而进一步辅助教学,并确定好教学的步骤。高校内部需要对教师进行准确的引导,并让他们自觉地应用大数据,实现教学实践和教学改革,还需要让教师认识到在教学评估中使用大数据的重要性,依次去收集数据中的大量反馈信息,从而不断完善自身的教学工作。对于高校内部从事大数据研究的人才来讲,高校也需要加大对技术型、专业型人才的培养力度,并深度学习和挖掘教学数据,从而重点培养全面分析型人才。高校可以采用国际访学、进修、合作交流等方式,将大数据研究型人才送往大数据发展更好的国家进行学习,以此加强对人才的培养。

(二)升级传统教育的数据平台

高校中的数据平台作为高校教育数据建设的基础,具有至关重要的意义。根据大数据时代下发展的需求来升级和改造原有的数据平台,除了需要加强数据平台的设计之外,还需要通过多种途径和方式来建设新型的数据平台,需要全面整合高校数据平台的相关资源。高校也需要结合自身发展的特点和情况,以数据资源作为重要基础,对一些小信息和小数据进行整合,从而研发出实用性更高、操作更加简便的数据系统,然后再不断升级和改造现有的数据平台,在新的平台和系统中有效植入数据的资源,并保证数据的开放功能,保障后期数据的维修和更新;然后还需要全面加强企业与高校之间的合作,集合企业和学校之间的力量,以有效开发数据系统和数据平台,结合高校教育的科研、信息等方面的优势,建设出规模更大的大数据研发基地和数据中心,并有效开展核心技术、教育政策、系统管理等方面的工作,从而大大提升高校在建设数据平台方面的水平。

(三)树立高校教育的数据观念

最近几年来逐渐兴起了大数据。大数据在高等教育管理中的应用和发展是一个阶段性较长的过程,需要高校中的相关人员逐渐建立起有效的数据观念,其具体的建立手段可以从以下几个方面进行。第一,高校教育管理中的每个环节都必须要彻底贯彻并落实数据观念,并合理应用大数据来完成教学、创新、决策以及管理等各个活动，让数据与高等教育中的管理和教学充分相融，并向智能化、可视化、精细化等方面快速地发展，从根本上全面提升高等教育管理的水准。虽然说大数据观念十分重要，但是在培养并建立大数据观念的过程中，除了需要将大数据作为参考的主要载体，更不能忽视大数据在常识领域、创造领域方面的主要地位。第二，高校内部应该加强对数据的宣传力度，并利用校刊、橱窗、布告栏等渠道来传播大数据的知识，并在高校内部举办知识竞赛和知识讲座，让高校中的学生和教师进一步了解大数据；采用多种方式加强对数据的宣传，以此来让更多的学生和教师来理解和认识大数据的意义、内涵、作用等，让大数据成为高校教育活动中的重要方法和重要资源，让学生形成一个惯性的思维，并培养起他们的数据观念。第三，高校内部也需要引起对大数据信息的重视。任何事物都具有两面性，教育管理者能够根据大数据的处理与应用获得决策的重要依据，但是在运用大数据来获取和收集个人数据与信息的过程中，很可能会存在泄露信息的风险，因此在获取信息中保护信息的安全也具有重大的意义。

（四）优化教育管理的数据调研

高等教育管理在大数据之下有了更多的挑战。根据这些挑战，高等教育管理者要不断地去获取、调研相关的数据，并对这些数据进行有效的管理和使用。首先，高校必须要落实数据调查工作。由于研究的重点不同，高校教育管理数据的重点主要在于"教育政策研究""教育环境调查""大学统计调查""学生教育研究""组织调查""机关调查"等内容。但是就综合研究来说，可以采用数据调研工作的手段来优化教育管理。数据主要涉及高校和学生的方面，因此，数据的收集也具备一定的特点。其次，高校内部需要有效利用收集到的数据，但是需要注意在不同的高校中应采用相同的调查手段，会收集到不同的数据。这对于发现高校内部的不足是十分有效的，并可以从这个方面去改善数据调研的方法。

第二节 高等教育的控制与协调功能

高等教育管理的实施过程很重要的一部分就是控制与协调。控制就是对组织运作及组织活动进行规范性干预，大都是制度性的、行政性的，甚至是强制性的干预。协调除了有些是通过控制的手段外，更多的是用技术和软性的方法来解决管理活动中的问题和矛盾，包括通过管理艺术化解矛盾。这里主要研究控制的问题。

一、高等教育目标控制

（一）高等教育目标控制的必要性

高等教育目标的实现程度是衡量高等教育管理效能的重要基准，也是高等教育控制的主要依据。高等教育目标又是相对于一定社会对高等教育的需求而言的，是预设的推动预期高等教育目的实现的导向和标准，因此具有预见性特征。随着时间的不断推移，高等教育活动主客观条件的变化，不论是宏观高等教育管理，还是微观高等教育管理，对于高等教育目标适时进行控制和校正有其必然性。

与此同时，高等教育目标又深深地带有目标制订者对教育价值判断的印记（如对普通教育或学生个性应达到的结果的不同认同），而现实的教育目标的实行通常并不完全按照教育理论家或政治家的设想去进行，对于高等教育目标操作中出现的与理想之间的偏差自然也需要控制。

各教学和行政管理部门在贯彻和实施高等教育战略目标及和办学目的有关的计划、程序时，往往需要制订出详尽的子目标，各子目标之间是相互关联的，它们之间的协调是重要的，也是困难的。人们往往会因各自不同的目的或利益而发生矛盾甚至冲突，尤其是在功利性色彩较为浓重的组织活动中，对各自目标的追求和竞争在很大程度上代替了对总目标的无条件服从。对于子目标在执行过程中出现的种种偏离总目标的行为，需要有一定的制度和机制对其实行调控。

（二）高等教育数量目标控制

从世界经验来看，高等教育数量扩张的原因大致有：经济起飞阶段对专门人才需求的急速增长，政府对高等教育的政策倾斜和巨大投入，某些社会大变动后造成的对高等教育政策的变革等。目前我国普通高等学校招生计划管理的现状是：每年由教育部和国家计委根据国家经济和社会发展的总体规划，经过综合平衡，提出当年全国普通高等学校年度招生总量，而各省、市和中央各部门在国家宏观计划和方针政策的指导下，根据本地区、本部门的实际需求、生源情况及所属普通高等学校的实际办学条件，编制本地区、本部门的招生计划。

在对高等教育数量目标进行控制的过程中，有必要分清政府主管部门与学校两者的不同职能、权利及义务。

政府宏观调控职能，应包括以下五个方面。

（1）向学校及时、准确发布人才需求信息（包括数量、层次、规格、专业、学科、地区需求等）。

（2）制定长远发展规划，对学校进行总体指导。

（3）依据学校的办学条件，合理核定招生总量规模。

（4）制定扶植学校发展的方针、政策和措施，使学校的发展不致过分地受到市场的影响，保持学校发展的相对稳定性。

（5）对学校进行定期评估，并把评估结果作为学校改善办学条件、决定能否享有或继续享有一定程度招生计划自主调节权的重要手段。

学校方面若要实行招生计划自主调节的职能，则应有以下保障条件。

（1）研究、制订学校发展的中长期发展方向、目标和总体规模，并经主管部门核定。

（2）对学校的教学质量、科研水平、产业发展、学校管理、办学条件等应承担相应的责任。

（3）在政府宏观指导下，学校逐步建立自我发展、自我约束和自我调节的机制。

（三）高等教育质量目标控制

1. 高等教育的质量标准

将高等教育目标分解为数量目标和质量目标，是从高等教育增长方式角度来划分的。高等教育目标还可以从高等教育功能的角度来考察。例如，随着社会的不断进步，高等教育活动正呈现多元性：保存和传递人类已有文明成果，培养和提高公民的素质；探求未知领域，发展科学技术和文化；满足社会对人才开发及科技开发、应用等方面的要求；大学直接参与社会经济建设，服务于社区和国家建设等。这些活动同时也构成了高等教育的目标体系。现代高等教育具有多方面的目标与功能，因而衡量高等教育质量的标准也不是单一的。学术标准是其中十分重要的一条，但绝非唯一。除了学术标准外，还有高等教育的"适切性"问题，即是否适应社会发展的需要，是否切合受教育者身心发展及其就业的需要等。一般而言，高等教育系统内部往往倾向于强调教学、科研的学术标准，强调学科、专业的内在逻辑和科学性，而社会（包括用人单位、学生、学生家长等）更多地关注高等教育活动对现实的适切性、实用性，例如，学校的课程设置、教学内容是否有利于日后就业；在缴费上学的条件下，对大学的投入能否保证更大的回报；高等学校的科研是否能向企业提供新产品、新工艺，从而给企业带来可观的经济效益。

在实际操作当中，兼顾诸因素是困难的，但是如果我们根据不同的质量标准（尤其是学术标准），将高等学校做适度分级，那么问题的思路可能就会变得清晰一些。同一课程在不同性质的学校的专业里，其学术性程度是不同的，而衡量这门课程的质量标准自然也不同。例如，工科教育中的数学课和理科教育中的数学课是不一样的，前者强调数学作为一门工具性课程的实用价值，而后者十分注重数学课的逻辑性、探索性。推而广之，每所学校根据不同的功能定位，其学术水平的要求可以有差异，每一层次的学校可以在同类中进行竞争，并进一步进入更高层次的学校行列。正如美国学者伯顿所说："高等学校的分级制度可以而且往往是质量控制的一种管理形式。它利用公众舆论和院校评议两手，根据觉察到的能力给各校以应有的地位、尊重和待遇。"

高等教育组织办学的质量标准正在探索和完善，特别是综合考察学校办学的质量、水平、效益等，已经逐步成为高等教育质量标准的主要内容。目前我国评价大学质量标准方面的研究已有初步进展，但主要是在教学与学术方面。

2. 高等教育质量控制手段

从时间上看，高等教育质量控制可分三类。

（1）前馈控制。前馈控制的主要内容是指对高等教育质量设置的过程进行控制，对高等教育质量运行的方案设计进行控制，尽量使将要出现的问题予以避免。

（2）过程控制。它关注高等教育质量活动过程与高等教育目标的契合程度。在高等教育运行中，不断设置一些中期评价的行为，以对出现的问题做出诊断调整，使得运行过程不至于在偏离目标太远的时候才去采取校正措施，最大限度地保证高等教育质量。

（3）反馈控制。反馈控制绝不是活动全部结束了，对活动的结果进行信息反馈来加以控制，这是一个误解。反馈控制仍然是在管理活动的过程当中，对于某项活动的运行状况随时进行信息反馈和控制。当然，这一活动一定是指一个有结论的过程，对没有按照规定的目标和要求而出现的情况进行调控。当然，终结反馈也是必要的。终结反馈的结果只能是对下一个循环进行调控。要注意反馈信息渠道的正常与多元，避免错误反馈。通过建立专业性鉴定委员会等方式加强反馈信息的权威性，不应将事后的质量评估视为工作的终了，而应积极地为新一轮工作、活动提供质量控制、工作改进的建议。高等教育的质量控制，还有评估、标准化质量管理等其他控制手段。

二、高等教育行为控制

规范高等教育的行为是高等教育管理控制功能的首要任务。高等教育行为主要在两个方面是必须得到控制的：一是高等教育的方向性；二是高等教育各项活动的行为规范性。

（一）高等教育的政治方向

根据教育的国家性和民族性，一个国家的高等教育不可能完全没有政治性。从国家的民族性和人才战略来讲，人力资本除是自身的以外，还有一部分是国家的。因为中国的高等教育不完全是自费教育，这里有国家的投入，为国家服务是每一位受教育者的责任，所以从这一个角度来讲其是一个政治问题。

（二）高等教育行为规范

任何管理活动都是人的活动行为。不论是宏观管理，还是微观管理，行为控制也许是管理活动中最复杂的课题。一是人的行为很难被精确测量，因而很难判定它与目标究竟有多大程度的偏差。二是对人的行为规律的了解还很肤浅。随着心理学和行为科学的发展，不少学者对行为控制问题做了较深入的探讨。高等教育活动的人是由多个个体组成的人群，而对于人群的行为进行规范就显得尤为重要。

1. 高等教育组织行为的管理

从微观高等教育管理来看，高等教育领域的教学与科研活动属于高智力型。高等学校的教师和学生致力于知识的探索与传播，他们在实现高等教育目标的活动中的各种行为有别于其他社会组织。不过，普通的组织行为管理技术对于高等教育系统中的行为控制仍然是很有价值的，它立足于人的行为和环境的相互作用，试图通过对环境条件的控制以实现对人的行为的控制，从而促使人的行为向预期的方向发展。根据强化满足条件后，得到的预期结果以改进行为的工作，根据具体的人处理各种预期的结果，及时提供程序性的行为规范。在高等教育管理过程中，要帮助高等教育系统的成员形成良好的职业行为，就需要为他们创造条件，也需要强化某些满足条件后才能得到预期的结果。

2. 组织行为的修正

组织行为的修正主要针对那些与完成工作任务不一致或不协调的行为，因为它们不仅会影响组织目标的实现，而且会导致组织的功能障碍，威胁到组织的生存和发展。这种组织行为修正技术包括以下五个环节。

第一，鉴别与工作有关的行为事件。和组织行为管理技术一样，它特别重视外显的行为，而不重视态度之类不可直接观察的变量。它只鉴别与工作有关的事件，并不考虑与工作无关的事件。

第二，测量行为。它包括观察行为、记录行为，然后根据记录的结果描述各种行为，以引起人们对这种行为的注意。

第三，对行为进行功能分析。它包括将行为和各种环境变量分解成功能因素，找出行为和环境变量（事件）之间的关系。最后找出影响和控制行为的因素，为修正行为提供科学基础。

第四，寻找修正行为的途径和方法。它包括三个步骤：在分析行为功能的基础上分析行为与环境事件的联系，找出因果关系链，并确定采用何种方法去修正行为；应用和实施修正技术，通常的手段有强化、惩罚、消退或这些手段的相互结合；采取适当的强化方案，维持期望的行为。

第五，对整个工作进行综合评价，以确定修正的方法是否妥当，为以后碰到类似的问题提供科学依据。

三、高等教育财务控制

高等教育财务控制是高等教育系统内部各组织借助于对货币资金的筹集、分配和使用采取的一整套管理和监督方法，从而使有限的教育经费得以最大限度地发挥效能，达到预期目标的过程。与其他社会系统的财务控制类似，高等教育财务控制大致也包括预算、会计、决算、审计几种活动。

（一）高等教育的财务预算

高等教育的财务预算主要是指对高等教育事业经费的编制、分配、执行、调整和分析等一系列的过程。高等教育预算过程的基本目的是确定从中央到地方主管部门、从大学到学院、从学院到系科、从系科到教学科研人员等的资源分配和调整。在确定预算拨款时，要对资源可选用的方案做出明确的抉择。

高等教育的财务预算工作具有计划性，可以看作是计划工作的一部分，同时它也可被看作是管理工作中的控制手段，是一种典型的前馈控制。一般情况下，它具有以下特点：第一，预算与价值计算的形式定期地进行；第二，预算按一定的组织系统自上而下、有序地进行；第三，预算的目的是保证教育计划的顺利实施，促进教育效益的不断提高。

根据不同的方法，高等教育的财务预算可以有不同的种类。如按编审程序；高等教育的财务预算可分为若干种。

概算：拟编下年度预算的估计数字。

拟定预算：未经一定程序核定的年度收入计划。

法定预算：经过一定程序审批生效的正式预算。

分配预算：按法定预算确定的范围来分配实施的预算。

如按时间的先后顺序，高等教育的财务预算则可分为以下四种。

经常预算：正式的常规预算。

临时预算：正式预算确立之前暂时实行的假定预算。

追加预算：在原核定的预算总额以外增加收入或支出的数字。

非常预算：为应付意外事变所做的特殊预算。

通过对高等教育财务预算的实践和研究，下面介绍几种预算的编制方法。

1. 追加预算法

这种预算方法允许在学校预算中每一单项可以追加，其主要依据是，现时的拨款根据是适宜的，而当前的计划方案要以现有的形式持续下去。这种追加预算法被认为是利益群体已经赢得了一段时期支配权的标志。这种方法的优点在于其稳定性和可预期性；其缺点在于不能充分鼓励学校去鉴别现有计划是否完备或是否有必要取消现有无效的计划。

2. 非定额预算法

这一方法要求每个院校的财务计划部门在该单位领导认为适当的水平上提出计划所需要的预算申请，通常由单位领导同主管预算的人员进行协商，调整预算额以便与可利用资金相吻合。这种方法的优点是单位参与预算制定的机会增加了；其缺点是申请额与实际到位资金通常不一致，最后分配决策缺乏明确的准则。

3. 定额预算法

定额预算法亦被称为"一次总付性"预算。它同非定额预算法刚好相反，院校财务部门得到一定数量的拨款，并须按此拨款数额建立起单项预算。这种方法的优点是单项预算权分散，可以促进各单位计划的灵活性和有效性；其缺点是中央行政机构对原先预算额的静止或依赖与各单位实际情况的千变万化形成明显的反差，整体上缺乏灵活性。

4.备用水平预算法

这种预算方法要求准备若干个不同水平的预算标准，如按照通常水准上下各浮动 5%。中央行政机构则根据不同水平的预算方案，判别各单位业务人员的水平，对单位内项目优先次序和项目评价详情进行大致分类。

5.公式计算预算法

此方法通常以在校人数及学时数为依据。总的事业费预算分配到每个单位的相对份额会因公式变量的变化而变化。在此种方法下，具有同等要求的高等学校或项目可得到相似的资金。但也有人认为，如果在大学人数激增期间可以达到这项标准，那么在人数动荡不定或呈长期下降趋势时，它就难以维持。另外，对于特殊的任务或短期需要，这种方法就显得无能为力。

6.合理预算法

在高等教育系统中，除了中央和省、市级的预算外，最普遍的还是高等学校一级的预算。随着教育改革的深入，我国的高等教育体制正发生深刻的变化，高等学校经费的来源也由单一型向多元化方向发展，这无疑对高等学校的预算工作提出了新的课题。过去主要是支出预算，通常只要入学人数和国家财政收入持续增加，高等教育传统的预算方法就大致可以满足大部分高等学校的需要。

（1）计划、程序和预算系统法

计划、程序和预算系统法试图通过将计划的目标结果作为高等学校执行预算的必要的组成部分，把预算和计划合二为一。美国审计总署对计划、程序和预算系统法下的定义是：制订计划包括对该组织的长期总目标进行选择与鉴定，以及根据费用、效益对各种实施过程进行系统分析；程序上要求在贯彻执行计划之前决定具体的行动步骤；预算编制承担着将计划决策和程序决策转变成具体的财政计划的任务。传统的预算方法不以产出为指导，强调过去甚于强调将来，强调对资源的需求而不是其使用结果，不强调资源如何与目标联系。而计划、程序和预算系统对各项目标有明晰的考虑，着眼于多年而非只是一年的所需费用，对实现目标的各种手段加以分析，以及对各种预算选择的利益或效用进行评价等。

（2）零点预算法

计划、程序和预算系统法主要涉及基本政策的制定及高度集中的、自上而下的决策行为，而零点预算法却是把目标转换成有效行动计划的一种微观经济学方法。它要求对每年的每项活动从零开始重新进行全面论证，以建立新的预算。具体而言，此种方法有以下四个步骤：一是每个预算单位要制订出描述一项活动、功能或目标的一系列决策方案，并阐明可供选择的服务等级；二是预算申请要按递增顺序从低水平到高水平排列；三是对不同经费增加额的影响要进行论证；四是增值决策方案要按优先次序排列。决策方案应该包括决策单位的目标、设想活动或其他方案的具体描述、活动的费用及效益、工作量及成绩的测定、不同水准上的工作及其收益。总而言之，零点预算模式的核心是对提供选择的支出方案进行规范化比较。

（二）高等教育的会计与决算

在高等学校，会计是以货币为主要计量单位对学校的经济活动和预算执行过程及其结果进行反映、监督和管理的一种财务控制方式。它包括三个部分：第一，会计核算，根据学校的经济活动和预算执行过程及其结果，连续地进行记录和计算，并根据记录和计算的资料编制报表；第二，会计分析，根据会计账簿、会计报表及其他资料，对财务情况进行分析研究；第三，会计检查，根据会计凭证、账簿、报表和其他资料，对有关单位业务活动的合法性、合理性，会计核算资料的正确性和财政政策及财经纪律的执行情况进行检查。

会计的基本职能在于反映和监督一定范围内的资金使用情况。会计的任务主要包括：第一，根据有关法令和规定来编制并执行预算；第二，进行经济核算，加强现金管理，做好结算和核算，提高资金使用效益；第三，对高等学校的所有经济活动进行正确、完整、及时的记录，编制凭证，登记入账，上报会计报表。

高等学校的决算是执行预算的总结，是反映全校年度预算结算的书面报告。预算年度结束时，学校的财务活动便进入决算编制阶段。决算的编制一般分六个步骤：第一，拟定和下达编制决算的规定；第二，进行年终收支清理；第三，制定和颁发决算表格；第四，进行年终结账；第五，编制决算；第六，上报。

（三）高等教育的审计

高等教育的财务审计分为国家审计和部门审计，在必要的情况下，还有司法审计。在高等学校，审计工作是对会计账目进行检查，对有关的财政或财务收支活动情况进行监督的一种财务控制活动。审计主要对财务活动的以下五个方面做出正确判断。

（1）合理性，即指审核检查的经济活动是否符合有关规章制度的要求。

（2）合法性，即指审核检查的经济活动是否符合国家的法律、政策、法令或条例。

（3）合规性，即指审核检查的经济活动是否在正常或特定的情景下应该发生，是否符合学校管理的原则。

（4）有效性，即指审核检查的经济活动有无经济效益。

（5）真实性或公允性，即指审核检查经济活动的资料是否如实、适当地反映了它所要表现的经济活动。

审计按其内容和目的可划分为以下两大类。

（1）财政财务审计与经济效益审计。前者是审核检查财政财务活动，目的是对这类活动的合规性、合法性做出判断；后者是以实现经济效益的程度和途径为审查内容，目的在于提高经济效益。

（2）按照审计主体与被审单位之间的关系，审计又可分为外部审计与内部审计。外部审计是指由被审单位以外的国家审计机关、上级审计部门或民间审计组织进行的审计。内部审计是由本校审计部门进行的审计。

国家对审计部门的各项任务做出了详尽的规定，其中主要有以下四个方面。

（1）对财务收支计划、经费预算、经济合同等方面的执行情况进行监督。

（2）对内部控制制度的健全、有效与否及执行情况进行监督检查。

（3）对会计报表和决算的真实、正确、合规、合法情况进行审计并签署意见。

（4）对严重违反财经法纪的行为进行专案审计。

为了完成对高等学校财务的审计活动，审计部门拥有以下主要职权。

（1）检查有关的会计凭证、账簿、报表、决算、资金、财产。

（2）查阅有关的文件、资料；召开或参加有关会议。

（3）对有关人员或问题进行调查并索取有关材料。

（4）提出有关意见和建议。

（5）对各种不按规定、违反财经法纪的人员或做法提出处理措施，并向有关领导部门反映审计结果。

高等学校内部审计工作有以下五种组织实施方法。

（1）系统审计，指根据学校办学特点，组织有关基层单位针对特定项目，系统开展审计活动的一种方法。

（2）专题审计，指分别按各个职能部门所主管的业务，开展专题性内部审计工作的一种方法。

（3）同步审计，指在同一时间内，对两个以上所属单位审查内部相同业务的一种内部审计工作的组织方法。

（4）轮回审计，指把下属单位按邻近原则，划分成若干片区，成立片区审计小组，而片区审计小组在内部审计部门的指导下，按规定审计内容，有计划地、轮回地对本片区各单位进行审计的一种方法。

（5）审计调查，指针对本单位经济活动中带有共性和倾向性的问题，对不同下属单位进行内容相同的调查，以便于摸清实际情况，及时为领导决策提供信息的一种方法。

审计工作中还有一个重要的方面，就是以各项作业为对象，以审查各项作业财务上的合法性与经济上的合理性及有效性为目的的作业审计。

审计工作中另一个重要方面就是合同审计。目前，随着高等教育的发展，高等学校与社会经济生活建立了越来越广泛的联系，与高等学校有关的各种类型的合同越来越多。合同是不同法人之间为实现一定目的，明确相互权利、义务关系而订立的协议。它涉及有关法规、规定，需要就合同的合法性、有效性和完整性进行审计，因此合同审计对于保障合同双方的合法权益非常重要。具体而言，合同审计的主要内容有以下几个方面：检查合同管理制度是否健全；检查签约双方是否合格，是否具有执行合同的能力和诚意；检查合同内容是否符合有关法律、法令和条例；检查合同是否完备，措辞是否准确；检查合同内容是否可行。

四、高等教育的宏观调控

高等教育的控制不只是包括一些技术性的环节，而且在发展过程中与制度性的宏观调控水平高低有关。这种宏观调控对高等教育发展的影响力往往更为深远。这里所指的宏观调控手段包括高等教育立法、高等教育政策、高等教育财政拨款等。

（一）高等教育立法

《中华人民共和国高等教育法》不仅高度总结概括了多年来在我国高等教育改革中取得的成功经验，而且明确了今后改革的原则与方向。

（二）高等教育政策

在市场经济条件下，高等教育也将受制于市场这只"无形的手"的控制。高等学校以自己的办学特色多样、专业各异展开对生源市场的竞争；政府与高等学校之间通过科研成果的买卖关系，使得后者从前者那里获取研究经费，促进学术水平的提高；学校通过对教师和行政人员的评聘，促进学校内部办学机制的改善，形成不同的学校类型、学科及教育层次。尤其是在当前形势下，对高等教育本质的认识在不断深化，很多人习以为常的观念将受到形势发展的强劲挑战。高等教育政策理应更有前瞻性，而不是滞后于形势的发展。高等教育的决策过程必须走向科学化、规范化。

（三）高等教育财政拨款

高等教育财政以其拨款的原则和标准来引导、控制高等教育发展的方向。在中国，科研经费的发放由有关机构、各级政府设立的多种科学基金组织，以课题项目方式向社会招标。高等学校、研究机构都可以提出申请科研经费。"211工程"的实施较好地将财政资助中"点与面，国家与地方"结合起来，体现了效率优先的原则。考虑到国家对高等教育有重点发展的要求，各省均对自己管辖的重点大学积极投资，扶植重点学科、专业，使高等教育与地方建设的关系更为密切。

第四章　现代教育教学管理模式研究

第一节　高校教学管理模式创新

高校教学管理近年来进行了一定的革新，摒弃了传统僵化的教学模式，更新观念，与时俱进，开拓创新，一直努力使高校教学管理跟上时代及教育发展的步伐，培养具有创新精神和实践能力的大学生。

一、高校教学管理体制历史沿革

民国时期的学院制。我国的学院制起始于 19 世纪末，当时的京师大学堂实行的是分科教育。根据 1928 年颁布实施的《大学组织法》，民国时期的大学普遍实行学院制，当时的学院既是大学成立的条件，同时也是大学的中层机构。

中华人民共和国成立初期的校、系、室三级管理体制。中华人民共和国成立以后，我国大学实行的是校、系、室三级管理体制。当时，为适应建立计划经济体制的需要，我国大学参照苏联的做法，对院系进行调整，大学只分为文理大学、单科性大学以及单科性学院，取代了原来意义上的学院制。在校、系、室三级管理体制中，管理权力全部集中在校级，系只是根据学科专业建立的基层学术机构，系下设教研室。当时大学学科基本上是单科，没有综合发展的趋势，因此，校、系、室三级管理体制在当时是可行的。

20 世纪 80 年代的学院制。进入 20 世纪 80 年代后，大学学科综合化发展步伐加快，校、系、室三级管理体制已经完全不能适应时代发展的需要，于是大学重新建立学院制，设置校、院（系）两级管理机构。

这个时期的学院制，不是民国时期学院制的简单回归，而是新形势下的继承和发展，而且随着时间的推移，现在大学的院（系）是按照学科群建立的，较之传统的按学科建院（系）又是一大进步。这种做法既顺应了学科综合化发展趋势，全方位开展跨学科、多学科综合教育，又有利于培养创新型、复合型人才。

二、推进高校教学管理模式创新的对策措施

更新观念，牢固树立"以人为本"的教学管理思想。思想是行为的先导，高校教学管理应遵循"一切为了学生，为了一切学生，为了学生的一切"的原则，围绕学生主体来展开。首先，充分尊重学生的自主权，为学生自主学习、自我教育、自由发展创造条件。充分赋予学生知情权，学校、院（系）建立健全校务、教务公开工作机制，让学生及时了解学校教学管理工作情况；充分赋予学生选择权，建立健全选课制和导师制等相关制度，提高教师选修课质量，改进学籍管理，为学生自主选择专业、选修课程、授课教师、学习年限等提供保障；充分赋予学生参与权，重点是引导学生在教学过程和教学管理中有序参与，推动学生与教师及教学管理者形成良性互动，增强学生学习和运用知识的主动性和自觉性，培养学生的主人翁意识和自主自立能力。其次，充分尊重学生个性，注重培养学生的创新意识。一个人成功与否，与其个性有密切关系。高校应牢固树立个性化教育理念，按照尊重个体差异、突出主体地位、促进个性发展的思路，充分发展学生的个性，挖掘学生的创造潜力。尊重个体差异，就是要充分考虑每位学生经济、文化、生活等背景的差异，理解和保护个别学生标新立异、特立独行等行为，因材施教，因人施教，以包容的心态促进学生发展，帮助学生成人成才。突出主体地位，重点是增强学生主体意识和自我意识，既注重培养学生的创造性和主观能动性，使其成为自我教育、自我管理和自我发展的主体；同时也注重培养学生的自我意识，引导学生正确地认识自己、评价自己，质疑权威、质疑教师，勇于展示自我，发表自己的独特看法。

重心下移，适当提高院（系）的管理权限。实施学校、院（系）两

级管理是教学管理模式创新的核心内容。加强两级管理的重点是合理分权，适当提高院（系）的管理权限，具体来说，主要做好三件事：一是科学划分校、院（系）两级职权。按照权责对等原则，将校级领导和职能部门从以前的大包大揽中解脱出来，减少对教学、科研等具体事务的干预。学校一级的主要职责：对教育教学实施宏观管理，包括贯彻落实党的路线方针政策，把握学校的办学方向，明确未来发展的目标和重点，处理超越学院层次和跨学科的重大事务等。院（系）的主要职责：统筹调配院（系）的人、财、物，承担基层行政管理和教科研管理双职责，自主管理和监督下属系部的各项教学科研工作。二是扩大院（系）的管理自主权。针对我国高校管理权集中在校级，院（系）有责无权的实际，按照授予院（系）教学管理权为主、行政管理权为辅的思路，将教学管理权全部下放到院（系），包括管理学生、聘任教师、设置专业与课程、申报科研项目等；将一定的人、财、物管理等属于行政管理权配套下放到院（系），为两级管理、分层决策创造条件。三是强化教学管理在院（系）中的核心地位。坚持保证教学经费投入、开展教学管理研究、提高管理人员素质"三管齐下"，促使院（系）将加强教学管理、提高教学质量的责任牢牢抓在手上、扛在肩上。

"以生为先"，实施学分制管理。实施学分制管理，是高校教学管理模式创新的一项重要内容，有利于克服目前高校教学管理中过多、过死的弊病，有利于培养学生创新意识和能力。高校实施学分制，可以从选课制、导师制、弹性学制三个方面来突破。一是实行选课制。选课制是实施学分制的基础。选课制允许学生在学校既定范围内自由选择专业、课程、教师及上课时间，有利于提升学生自主学习的能力。要按照增加选修课数量、提高选修课质量、加强选修课管理的要求，为学生提供量大质高的选修课程，激励教师提高选修课质量，引导学生积极参加选修课，为培养具有创造性才能的学生奠定坚实基础。二是实行导师制。导师制是实施学分制的关键。实行导师制，有利于发展学生个性，增强学生的学习积极性，实现提高教学质量的目的。要按照加强组织领导、班主任与导师相结合的思路，一方面，组建高校指导教师委员会，加强导师的选聘、管理、评价等各项工作；另一方面，以班级为单位聘任导师，实行一种班级导师制，尽可能地提高导师与学生之间的数量比，努力为学生提供高质量的学习和研究辅导。三是实行弹性学制。弹性学制是学分制的延伸配套制度。学分制为弹性学制实施提供可能。弹性学制能够转化学分制成果。弹性学制包括两种：一种是修满学分，提前毕业；另一种是延长学习年限，允许学生中途停学工作或创业。弹性学制的建立，可以满足学生自主确定学习进程的自由。高校应从改革学籍管理制度、学位管理制度、打破专业壁垒、模糊学习年限等方面着手，既允许学生延长学习年限，也允许学生分阶段完成学习；既允许学生边工作边学习，也允许学生申请休学或停学，以灵活多样的方式任学生自由选择。

第二节　高校开放教育教学管理模式

随着高职院校实践教学体系的逐渐完善及开放式教育教学的蓬勃发展，高校教育教学管理模式也应进行相应的探索与改革，以适应当今高校实践教育形势下的教学理念，使教师教学质量与教学实施效果的学习者及学习环境、教学形式、具体实现教学条件等得到充分的构建和完善。

一、课堂教学教程中的探索与创新

虽然近年来高校教学体系和教学管理模式越来越开放化与多样化，但是本质上都是为课堂课程教学服务的，以传统意义上的课堂教学理念为基础实施的改革与创新。因此，作为教育教学管理模式改革的依托，课堂教学教程的探索与创新是高校在教育教学管理改革中的第一个环节，也是最为重要的环节。

二、教学师资与教学计划的探索与创新

（一）师资力量

高校在教学管理改革过程中，对教师队伍的整体素质进行管理与改

革，不再局限于"高学历""高资历"的教师团队，抛弃过去传统固定的教师师资理念，将教师资源合理分配，进一步创新教师资源配置模式。将资历老、学识广的返聘教师与观念新视角独特的年轻教师结合在一起，恰当地分配给每个年级、每个专业，最大化地凸显不同教师的不同授课特点，将多样化与灵活化相结合，又不失专业课程教学水准，实现教育教学的目标。同时，高校对教师职业素质定期进行培训，形成严谨、认真的教师教风，使师资队伍的整体水平不断提升，确保高质量教学。

（二）考试评定改革

考试评定改革是教学计划中教学管理模式最为明显的创新表现。近些年，越来越多的高校抛弃了传统的"一试卷定优劣"的评定方式，将受教者综合素质、日常评定与专业笔试测验相结合进行综合评定。这样的创新，可以说是"以人为本"、与时俱进，也可以说是遵循了教育教学开放化模式的发展规律。对于受教者整体素质的全面发展有着良好的促进作用，使学生不用被简单化、机械化的笔试考试一定优劣，而是将课业知识与综合素质修养渗透在日常学习、生活中的方方面面，以获得综合的评定。

三、日常校园管理中的创新与探索

日常校园管理分为两大部分：一是校园日常活动管理；二是校园日常学风管理。高等院校对学生的教育教学较为集中，受教者吃、住、学均在学校完成，这就要求高校必须对学生的日常学习、生活实行系统管理。因此，日常校园管理成为高校在教育教学管理模式中的重要分支，不可忽略。高校在校园日常活动管理中不断地求创新、求探索，逐渐形成了"一切为了学生、一切服务学生"的"以人为本"的基本理念，将受教者的地位摆在了至高处。针对学习积极性不高的学生不再实行苛刻、严厉的惩罚式管理，而是耐心教导、严而不厉，用认真、细心的引导管理学生日常学习活动。另外，充分利用由学生自己组建成立的团队组织进行辅助教学活动管理，这也是各高校近年来采用的较多的管理方法之一。

四、思想教育在教学管理模式中的创新与探索

育人先育德。随着德育教育在高校教育教学中的应用越来越广泛，思想教育作为教学管理的一部分也被高校充分地利用起来，进行创新与改革，从而更好地辅助教学活动的顺利进行。高校对学生的思想引导不再是以往概念化、课堂化的机械思想政治教育和品德教育，而是通过宣传与开展各种各样的思想教育活动，对受教者的思想品德及个人素质进行引导。例如，结合当前实际情况集中学生观看著名或实时主流爱国电影，使受教者对剧中人物所展现出来的爱国主义情怀与无私奉献的精神给予真诚的赞美。在观赏交流中，学生们无一不被主人公的民族精神和理想信念所感动，对民族精神、道德品质和理想信念等德育教育有了更为深刻的理解和认知，从而加强自身道德情操修养。

五、网络、多媒体在教学管理模式中的创新与探索

随着网络在当今社会的普遍应用，高等院校对互联网的利用不再仅局限于授课教学。随着网络交流媒介的兴起，高校也将目光投注在它们身上。一些高等院校的宣传管理者进驻在这些论坛当中，直接与学院学生进行交流，将传统与学生面对面进行意见建议听取的报告会改为校园网络征集。范围广、覆盖面大、可信度高、直观明了、隐私性好这五大特点使学生能够畅所欲言，以参与者的身份对校园管理及建设等各方面提出宝贵的意见，对校园教育教学管理有着重要的影响。

另外，将职业道德情操渗透进受教者所学专业课当中，这也是近年来高校在教学管理模式中的思想道德建设方面的又一进步。例如，高职院校为了使学院学生能够在毕业后尽快地适应社会复杂多变的工作环境，适时地开设职业道德素质教育，作为必修学科，将其纳入考试范围。学生或主动或被动地接受职业道德教育。多数学生课下表示对此门学科很感兴趣，既增加了对与专业相关职业的了解，又增强了个人信心。这样不仅保证了高校教育教学的基本政治方向和体系建设，更是推动了教学管理模式的发展与进步，从而达到为社会培养全方位人才的目的。

综上所述，笔者认为，近年来，我国高职院校在开放教育教学管理模式上的创新与探索越来越多样化、全面化，因而取得了良好的成果，既提高了高校培养复合型、全面型、技术型、综合型人才的效率，又加快了我国高等院校教育教学体系的不断进步。但是，社会是不断变化的，随着经济的发展与社会的进步，所需求的人才也在不断地随着时代的进步而变化着。这就要求高校教育管理决不能懈怠，应时刻遵循与时俱进、"以人为本"的教育理念，将学生与社会更好地联结起来，为中国社会主义建设培养更多的栋梁支柱。

第三节　高校教学档案管理模式

教育改革的不断深入对教学档案管理要求也越来越高。高校作为培养人才的重要地方，加大高校教学档案教学管理的创新有着重大作用。本节就高校教学档案管理的创新模式进行相关的分析。

一、高校教学档案管理创新的必要性

高校教学档案管理作为一项重要的工作，教学档案涉及面广，包括教学岗位的各个方面，全程记录教学过程，具有多种表现形式。高校教学档案管理的好坏直接关系到高校教学的发展。因此，高校只有加大教学档案管理的创新，才能提高教学档案管理水平，进而促进高校教学的发展。

伴随着信息技术的发展，计算机网络的应用也越来越普遍，而高校要想获得更好的发展，就必须加大教学档案管理的创新，利用计算机网络技术，推进高校档案管理的信息化建设，进而更好地服务于教学。

二、高校教学档案管理模式的创新

（一）加强档案管理的标准化建设

在高校教学档案管理工作中，实现教学档案管理标准化建设不仅是我国教育改革发展的需要，同时也是我国信息化技术发展的内在要求。为此，在高校教学档案管理工作中，高校应当认清形势，用发展的眼光看待问题，引进先进的技术，建立统一的信息化管理系统，加强学校各部门之间的联系，确保教学档案的真实性。另外，在高校教学档案管理工作中，管理工作者要合理利用信息技术，将现代化的档案管理资料、数据等相关信息都按照统一的标准来进行管理，形成标准的档案管理体系，从而将档案管理现代化引入正常的轨道中，同时做好系统的维护，对教学信息进行定期的更新。

（二）创新教学档案管理思想

在高校教学档案管理工作中，要积极地创新教学档案管理思想，要坚持"以人为本"的理念，鼓励师生共同参与到教学档案建设中来。因为教师与学生是教学践行者和接受者，他们最有发言权，所以应让他们参与到高校教学档案建设中来，进而不断地完善档案材料，确保教学档案管理效率。

（三）实现现代化的管理

在高校教学档案管理中，不断加强现代化管理意识，可以让现代化管理意识深入档案管理者的心中，规范他们的工作行为，进而确保教学档案管理效率，提高管理水平。在高校教学档案管理中，实现现代化的管理，可以提高档案管理的有效性，在管理工作中，利用先进的科学技术，引进先进的管理方式，不断提高工作效益，从而提高高校教学水平。

（四）教学档案管理设备的创新

在这个高速发展的社会，经济越来越发达，档案管理已经越发重要，因此为了提高档案管理现代化的水平，高校就必须加大资金投入，引进先进设备，为高校教学档案管理工作提供保障。

（五）健全管理制度

教学档案管理作为高校管理中的一项重要工作，不仅关系到学校的发展，同时也关系到学生的成长，因此只有健全管理制度，才能不断地提高教学档案管理水平和质量。在高校教学档案管理工作中，学校必须加强学籍管理信息化建设，完善学籍管理制度，建立统一信息管理系统来加强教学档案管理。档案管理制度必须从学校实际出发，以国家相关法律法规规定为依据制定，内容应涉及教学档案管理工作职责单位、主要职责内容等内容。

（六）加强专业管理人才的培养

在高校教学档案管理中，专业的管理人员有着不可替代的作用。高校只有重视专业管理人员的培养与任用，才能提高教学档案管理效率。在高校档案管理工作中，高校必须注重专业档案管理人才的培养，不仅要加强职业素养的培养，还要加强计算机操作能力的培养，进而为高校教学档案管理工作提供保障。

高校教学档案管理作为高校管理的一项重要工作，直接关系到高校教学的发展。面对这个飞速发展的社会，我国高校要想更好地发展，就必须加大教学档案管理的创新，在高校教学档案管理中加大技术的应用，进而不断地提高教学档案管理水平，为高校教学的发展提供保障。

第四节　高校实践教学管理信息化模式

在信息经济的推动作用下，信息化技术悄然进入教育领域，有效地提升了教育教学管理质量，促进管理模式和管理体系的不断更新，使教学管理获得新层面的提升。实践教学管理作为高校教育教学管理体系的重要组成内容，从学校和学生的发展实际出发，构建信息化管理新模式，以全面落实实践教学，力争高校教育质量更上一个新的台阶。

高校是我国高等教育体系架构的重要组成内容，是培养综合素质型人才的重要基础场所。实践教学管理不仅是我国高校教学管理的重要内容，更是高校教育管理体系必不可缺的组成元素。近年来，伴随科学技术的繁荣发展，以现代化科学技术为推动力的信息化技术取得了空前的发展，并在现代生活中占据越来越重的分量，而它的发展和创新为我国实践教学管理提供了新的可能和发展契机。鉴于此，在信息技术高速发展的大环境背景下，只有从信息化对高校实践教学管理带来的影响出发，不断创新管理方法和手段，构建管理新模式，才能借助信息化技术，实现实践教学管理质的飞跃，为学生的就业发展奠定良好的基础。

一、信息化对高校实践教学管理带来的影响

在构成现代化人才的诸多要求中，实践与创新能力显得尤为重要。结合我国高校实际，实践教学已开设多年，形式也比较多。在信息化教育管理发展的黄金时期，以多媒体计算机技术和网络通信技术为核心的现代信息技术正逐步渗透到教育领域。教育信息化已成为高等教育改革的必然趋势。现代信息化技术在高校教育教学中的应用，不仅可以大大提高教学效率和教学效果，还能够实现许多传统实践管理无法实现的新模式，为实践教学管理的发展和改革带来前所未有的机遇与挑战。

二、信息化对高校实践教学管理工作环境的影响

信息化技术的实践应用，可以对原有模式进行优化，实现信息自动化管理，这样不仅可以简化整个管理流程，还能提高实践教学管理的时效性。同时，信息化管理中的数字化数据存储功能，可有效避免传统管理手段中出现的信息失真和信息丢失问题。

记录信息化。高校实践教学管理工作所涉及的数据信息多样，在传统的人工信息记录方式中，极容易引发信息失真问题。通过信息化管理系统的引入，能够采用信息系统中数字化采集、存储、处理和展示技术，对数据信息进行转换、再现、复原，变成可共享、可再生的数字文化形态，并以一种全新的视角对数据信息进行保存，为日后的实践教学管理工作提供必备的数据支持。而且，信息化管理系统自身具备的信息汇总、

信息查询和信息输出等功能，可以满足相关管理人员自身的实际需要，从而快速地获取信息。

三、新时期下高校实践教学管理信息化模式创新的策略

转变思想，树立现代化实践教学管理理念。实践教学管理信息化过程不仅是对原有管理思想、管理观念的转变，同时也是以信息化理念对实践教学管理过程进行系统化分析、设计以及决策的过程。在信息化技术高速发展的环境背景下，高校应脱离传统实践教学管理理念的禁锢，树立一种全新的、符合信息化思想的良性管理理念，并用新的信息化理念进行信息分析，从而实现信息化技术在实践教学管理工作中的有效使用。在此过程中，负责学校实践教学管理工作的职能部门和有关人员，应立足于学校发展实际，从学校的办学特色出发，对原有的管理规划进行调整和完善，以探索出一套符合学校实际和学生发展的管理新模式为目标，促进实践教学管理信息化建设发展，为学校教学管理工作改革和发展带来更广阔的前景，从而更好地为学校教育教学提供优质服务，更好地为国家培养创新型、实践型人才。

我国高校在推行实践教学管理信息化建设时，积极借鉴成功的教育管理信息化经验，采取国家、地方和学校结合的多渠道筹资体制。首先，政府要把高校教育管理信息化建设工作纳入发展规划中来，鼓励和支持社会企业参与到信息化建设中，引进技术和资金，更新高校落后的教学管理硬件配套设施，建设性能优异的网络化技术设备，实现实践教学管理与互联网的连接，以满足信息化管理的需要，促进实践教学管理信息化建设的良性发展。此外，高校自身还要建立与完善有利于推进实践教学管理信息化建设发展的政策法规，让相关职能部门在开展工作时有法可依、有章可循，从而进一步实现教学管理工作的科学化和现代化。

组织懂业务、懂技术的专门人才，开发高效、安全、适用的优质软件。信息技术支撑下的实践教学管理活动，必须依附优质的管理软件，只有这样，才能稳步推进教学管理信息化建设。高校各级主管部门应积极调动广大技术人员的工作热情和工作积极性，自主研发、引进、吸收、

消化、推广、应用新技术，围绕实践教学管理的实质，研发高质量、适用的管理软件，为实践教学管理信息化建设工作做出应用共享。从我国高校目前的实际情况来看，最好由高校教育主管部门牵头，组织既懂技术又懂管理的复合型人才来开发。与此同时，研发人员在开发中还应采取相应的规范标准，充分考虑到学校的实际情况及上下级部门的要求，实现数据的完全共享。而且，管理软件要突出开放性、交互性和安全性，并能支持广域网络办公模式，减少管理上的人力手工劳动，真正实现学校、实践教学、学生三大方面的自动化以及交互式管理。

加强教学管理队伍建设，提高管理人员的信息素养和信息管理能力。高校要高度重视信息化技术对实践教学管理工作者带来的影响，加大师资建设关注力度，以提高他们的信息素养和信息管理能力。一方面，高校要重视实践教学管理队伍人员建设，建立相应的人才培育机制，为信息化管理能力的提升提供相应的学习平台和培训机会，逐步强化实践教学管理队伍的管理能力和信息素养；同时，培养实践教学管理队伍的职业精神，通过强化思想教育，加深时代认识，能够结合时代发展潮流和高校实际，从自身所负责的岗位性质及实际情况出发，创造性地开展工作，不断地提升信息化管理水平，培养自我创新意识和能力。实践教学管理工作者自身也要通过不断学习和实践，掌握现代化的信息化管理技能，熟练地利用计算机进行电子文档、表格处理和数据库管理等，以确保实践教学管理信息化建设工作能顺利开展下去。

将信息化管理与传统管理方式整合，实现两种管理模式互补。传统的人工管理模式和信息化管理模式各有各的价值功能，两者之间相互影响、相互促进。无论信息化实践管理模式如何发展，都不可能无限度地扩展，并取代人工管理模式在高校实践教学管理工作中的地位。这是由于信息化实践管理模式必须人性化，尤其是体现对学生的关怀，这种产生于人与人之间的感情效果，是信息化技术所无法比拟和替代的。可见，发挥信息化实践管理模式的实质功能，为高校服务，必须实现信息化管理与传统管理模式的整合，形成内外合力、优势互补，以达到更好的管理效果。

综上所述，信息经济时代的到来，不仅给高校实践教学管理工作提供了全新的平台，还为其拉开新的篇章。在新形势下，高校实践教学管理工作面临新的挑战，高校领导人和负责实践教学管理工作的职能部门和人员，必须更新自身知识，明确管理发展方向，加大对实践教学管理信息化建设的研究力度，充分地发挥信息化技术的作用，紧握时代脉搏，全面提升实践教学管理质量。

第五节　高校实验室管理及教学模式

在高校教学体系中，高校实验室发挥着重要作用，是高校科学研究和实验教学的主要场所。实验教学是培养学生创新思维能力和提高学生动手能力的重要教学方式。本节主要分析高校实验室管理的重要性以及目前高校实验室管理及教学存在的问题，有针对性地提出具体措施。

一、高校实验室管理的重要性

在高校中，实验室是推动科技发展、开展科学研究和实验教学的重要场所，更是高校科学科研的重要内容。实验室管理水平将直接影响到高校人员培养的质量。所以，当下必须要高度重视实验室管理工作。

高校的科研水平和教学水平将直接影响高校办学水平。从教学方面看，高校必须要注重对学生的实践能力的培养。学生在课堂上所获得的理论知识是书本上系统的知识结构，因此只有通过实践活动才能把这种知识转化为自身的素质结构和知识结构。从科研上看，不仅是教师的科研成果决定一所高校的科研水平，实验研究和实验设备也能决定。科学技术不断进步，并在一定程度上推动社会经济的发展，对技术人员需求量不断增大，同时也对高校人才的实践能力提出了更高的要求，那么高校在实验管理和教学过程中，必须要对人才培养计划不断进行创新和完善，才能满足社会需求。

二、创新高校实验室管理及教学模式的措施

提高实验室管理团队和教学的整体素质。实验室管理和建设的重要内容就是不断加强实验室团队建设，全面提高实验室教学人员的整体素质，这样才能有效地保证实验室科学、高效运转，更是充分发挥实验室效益的关键。

加强对实验器材的管理。实验器材是实验工作的基础，所以必须要加强对其的管理，建立实验教学平台，并由专业人员对其进行有效的管理，从而实现对实验器材的有效管理，特别是大型的精密仪器，这样才能逐步提升实验器材的利用率。实验室管理平台需要根据实验课程进行合理的安排，从而实现统一管理的目的。对于精密度高和先进的实验器材必须要由专业人员对其进行有效管理，然后再制订仪器设备保养和维护计划，以确保仪器设备能够正常使用。

构建实验室优质网络服务平台。在实验室管理过程中，传统的管理模式已经不能满足专业化和精密化仪器设备的需求，而目前需要打造高效的实验室软件管理模式，从而实现网络精细化管理，根据实验仪器设备和物品建立网络化管理平台，能够实现信息网络化的动态管理。这样不仅能准确地掌握每个实验仪器设备的使用情况，以及实验仪器设备的使用范围，还能够在网络平台上全面掌握仪器设备的所有信息，包括放置的具体时间和使用情况；不仅能实现预定实验工作需要的实验材料和仪器设备，还能掌握整个学校的实验室运行情况；此外，还可以在网络服务平台上建立网络服务信息系统，实现网上答疑和在线沟通交流，从而有效地提高实验器材的有效管理和实验教学质量。

创新实验教学模式。实验教学开展的目的就是有效地拓展和补充理论课教学，所以，高校教师必须要认识到实验教学的重要性。高校的实验教学必须要围绕学生的创新能力发展，适当对学生开展综合性实验模式和设计性实验模式。创新实验教学模式不仅能满足社会对人才的需求，更能提升学生创新能力。在实验教学过程中，通过实验能够准确地发现学生的不足和遇到的各种问题，然后对其进行全面的研究，并结合实验

学科和实验教学方式，设计出一种全新的实验模式，引导学生进行设计实验和综合实验，从而不断地提升学生的创新能力和实践能力。

实施双师制实验教学模式。一般情况下，在实验教学过程中，学生人数较多，其将分为相应的实验小组。在实验过程中，如果仅仅依靠实验教师一个人完成实验教学，那么实验教师很难顾及全班学生，而在这种情况下可实施双师制实验教学模式。所谓的双师制实验教学模式就是由实验教师和理论教师共同开展实验教学的一种教学模式。这种情况下，通过两位教师对学生进行有效的指导，不仅可以准确和及时地发现学生在实验操作过程中遇到的问题和不足之处，然后对其进行有效的更正和解答，同时还能对学生进行有效的监督，确保学生可以顺利完成实验，并提高学生学习的积极性，不断地提高实验教学效率和质量。

开展科研对接工作。实验教学的目的就是让学生更好地理解理论和实践。实验教学不仅可以提高学生的专业实践能力，还能将枯燥乏味的理论知识变得生动有趣，从而提高学生的积极性和主动性。在高校实验教学中，一定要为学生营造更多的实践机会，通过与企业合作的方式，为学生提供更多的实习机会，同时检验学生的学习状况。此外，高校应该积极与企业开展科研项目。这样，高校不仅可以获取相应的实验基金，还能更好地发展实验室，既满足了提升学生实践能力的需求，又能促进实验室教学更多的发展。

随着社会进步和发展，高校实验管理及教学模式必须要不断地进行改革与创新，提高实验教学质量和学生的实践能力、创新能力。在高校实验教学中，高校领导必须要认识到实验教学的重要性以及目前实验室管理过程中存在的问题，采取有效的措施对实验室进行有效的管理，并建立实验室网络服务平台，创新实验教学模式，实施双师制实验教学模式，并与企业之间积极开展科研对接工作，帮助高校实验室发展获取更多的资金，还能有效地提升学生的实践能力。所以，高校实验室管理及教学模式必须要全面改革，并以学生为中心，为社会培养更多的创新型人才，推动高校教育事业的发展。

第六节 高校导师制与学长制教育管理模式

导师制和学长制已经在国内很多高校实施，看似不相干的两种教育模式，实际上却有着密切的联系。导师在学长的确立过程中起到了决定性作用，导师制为学长制的实施提供了智力支持。学长制是导师制的延续。导师制和学长制在高校教学管理和思想政治教育工作中相辅相成。

一、学长制管理模式的实施办法

制订完善的学长制管理条例。学长制是一种探索性与辅助性的学生管理机制。制度的约束与保障是工作有效推行的前提和保证。高校应根据学生工作体系的特点，从学长的选拔、管理、考核、评定、推广等各个方面制定严格的管理制度，确保学长的质量和数量，并从学长制工作的职责、任务、选拔聘任办法、培训机制、监督和管理机制、考核和奖惩机制等各方面做出严格的规定，在实践中严格执行并不断完善。

完善学长的选拔与聘任机制。学长实行院（系）内的聘任制，任聘期为两个学期，聘任对象为政治觉悟高、专业基础扎实、有一定工作经验和口头表达能力的高年级学生。具体程序可如下操作：每学年结束前一个月内，全院（系）根据专业情况公开招聘学长；高年级学生提交申请表并附班级意见；院（系）学生工作领导小组对申报的学生进行公开答辩；以宿舍为单位，每间宿舍选聘学长 1~2 人；确定候选人并张榜公布以征求意见；给确定的学长颁发聘书，以示荣誉和责任。

建立健全学长的培训机制。由于学长制工作涉及生活、学习、心理等方方面面的内容，被选上的学长必须参加相应的培训，使他们端正观念，树立信心，积极地去承担和完成这一任务，并明确自身的任务和职责。学长培训应采用全方位、分层次的方法。在学校层面上，学生工作处（部）、教务处、团委、心理健康中心等职能部门应共同举办学长培训班，对学长进行相关培训；学院（系）层面上，应结合自身的特点，根据本学院（系）

的具体工作安排和要求，对学长辅导员们做进一步的培训，让他们充分了解学校、学院的各项制度，以及在工作中涉及的内容、方法、态度等。以确保每位学长都能为新生提供正面、科学的引导和帮助。

学长工作的考核与奖惩。学长作为学生自我教育、自我管理、自我服务的重要载体，不仅有相应的职责和任务，也必须有相应的待遇和奖惩，这就需要定期考核。考核工作应由学院完成，每月召开学长例会，了解学长工作情况；每学期对学长的工作进行考核，可由个人申报，学院推荐，学生工作处（部）考核，其中包括自我评价、学生投票、辅导员班主任评议、学院意见等指标，考核等级可分为优秀、良好、合格、不合格等。可根据学长的工作业绩评选出"十佳学长"给予嘉奖，并根据学长考核等级评定参与相关的评优评奖、推优入党等工作。对责任心差、不能完成工作或违反学长管理条例的学长，由院（系）学生工作小组讨论并提出批评教育；对定期不整改的学长，实行解聘。

二、导师制为学长制的实施提供了智力支持

学长是指从高年级中选拔出来的优秀学生，其任务是对低年级的学生在学习、生活和思想方面进行指导。要想让学长制最大限度地发挥作用，必备的前提是学长在校园生活的各个方面都有丰富的经验和积极向上的态度。那么学长的这种经验积累和自我素质提高有赖于导师的悉心指导，因此，导师制为学长制的实施提供了智力支持。

三、学长制是导师制的延续

因为导师制是个双向选择的过程，所以导师和学生都需要通过一段时间对彼此进行必要的了解，然后进行选择。因此，我们可以这样理解，导师指导的学生通常都是相对较高年级的学生，而非刚刚入学的新生。而学长制中的学长也正是从高年级的优秀学生中筛选出来的，他们一边接受导师对自己在生活和学习方面的指导，一边以"小导师"的身份帮助低年级学生。如果导师制和学长制在同一所高校实施，就可以理解为导师间接地指导低年级学生。从这个角度来说，学长制是导师制的延续。

第七节 高校两级教学管理模式

　　社会的进步与经济的增长有效推动了我国教育事业的发展，使得高校在不断地改革。作为高校改革中的重要组成部分，两级教学管理模式将会直接影响到整个高校的运行。本节以高校两级教学管理模式为研究对象，通过对高校两级教学管理模式重要性的简单概述，对高校两级教学管理模式中存在的问题及改善对策展开深入探索。

　　在我国教育事业发展的过程中，很早阶段就对两级教学管理模式进行了实践。通过长时间经验的积累，该管理模式已经变得较为完善，为高校的发展提供了一定帮助。

一、高校两级教学管理模式的重要性

（一）优化高校内部管理体制改革效果

　　内部管理制度作为高校运营当中的重要组成部分，指的是管理制度、机构设置等多个内容的统称，其往往涉及高校运行当中的各项活动。从理想的角度来说，确保管理体制满足我国当前教育行业的要求，在推动高校向着社会化方向发展的前提下，充分调动高校内师生的能动性；此外，加强提升高校的生产力，并科学、合理地使用各项资源，使资源在实际当中体现出最大的价值。

（二）符合高等教育大众化的需求

　　社会的发展与经济的增长有效提升了人们的生活质量，使得越来越多的人员进入高校当中进行学习，从而推动我国高等教育向着大众化的方向发展。在这一背景下，高校教学管理的任务量迅猛增长，依然采用以往的管理模式进行管理，往往会引发诸多问题的出现，无法满足各高校的发展要求。如高校职能部门将过多的时间放置到该管理当中，将会减少教学工作的研究，从而对教学质量带来一定的负面影响。而采用两级教学管理模式，职能部门将会将一部分权力分给其他人员，通过其他人员完成管理工作，降低管理工作中投入的时间，将更多的精力投入学习研究上，从而为高校的发展提供充足的推动力。

（三）转变高校教学理念

我国经济体系的改变，使得高校成为特别的企业，可以将教育看作一种服务产品，其所服务的目标为高校内的学生。在以往阶段，大多数高校都采用强制性的管理方式。这种方式虽然能够起到一定的作用，但无法满足"人性化管理"的要求，导致该管理方式受到一定的限制。而采用两级教学管理模式，将会对强制性的管理方式带来影响，使其逐渐向服务性的方向发展，即以学生为中心，根据学生对教学的要求开展各项管理工作，从而为培养出优质的人才提供重要帮助。

二、高校两级教学管理模式的改善对策

（一）合理地设置职责权

为了使高校更好地对两级教育管理模式进行应用，必须要合理地设置职责与权力。对于学校层面来说，应采用长远发展的目光，从整体的角度出发，对整个高校的运营进行管理。其中主要包括以下几个方面的责权：针对高校当前的发展情况，编制出整体的发展规划；开展教育经费研讨会，制订出各院系的经费分配情况；确定高校内基础设施的建设；对各院系教学活动进行监管，确保教学活动符合相关要求；对院系的运营进行引导，确保院校向着更好的方向发展等。对于学院来说，其主要的责任为基础管理工作，主要包括以下几个方面：针对院系的实际情况，合理地安排教学活动；针对各专业、课程教学的要求，编制与筛选教学课程；根据院系的发展情况，科学地对教学经费进行应用；开展学生考核与档案管理工作等。

（二）建立健全的规章制度

为了确保高校两级教学管理模式能够有效地落实到实际当中，应加强对该模式的约束，建立健全的规章制度。首先，可以对现有的规章制

度进行研究，分别分析出其中优秀与存在缺陷的内容，对于优秀的内容，可以继续进行应用，而对于存在缺陷的内容，则要不断地对其进行完善；其次，通过对国外知名高校两级教育管理规章制度的学习与借鉴，并结合我国社会主义发展情况，编制出符合我国国情的规章制度，并通过该制度的约束，使得两级教育管理模式有效地落实到实际当中。此外，规章制度被建立出来后，还应被严格执行，只有这样，才会充分体现出最大的价值。

（三）打造高质量教学管理队伍

人员作为教学管理工作的执行者，要确保其具有较高的质量，可以为该项工作的开展打下良好基础。因此，为了使两级教学管理更好地落实到实际当中，应打造出一支高质量的教学管理人才队伍。首先，加强对人员的培养力度，第一时间引进世界上先进的管理理念与方式，并将其传递给每一位管理人员，从而不断地增强管理人员的工作能力；其次，加强对社会优秀人才的引进，通过对设备人才的引进，不断扩充现有的管理人员队伍，并将世界各地的先进理念与经验带给高校；最后，制订出科学的奖惩制度，通过奖惩制度对管理人员进行约束与激励，使其形成健康的价值观与责任观，从而更好地面对自己的本职工作。

高校在继续对两级教学管理模式进行应用时，应合理地设置职责权，建立健全的规章制度，同时打造高质量教学管理队伍。

第八节　高校继续教育管理模式

创新是一个民族进步的灵魂，是推动历史进步的不竭动力。在当前经济迅猛发展的背景下，继续教育成为一种重要的学习方式，受到社会广泛的关注和重视，它是提高全社会创新能力和整体素质的重要途径。加强继续教育工作，积极推进高校继续教育工作创新，建立和完善高校继续教育长效机制，建设一支素质优良、结构合理、相对稳定的继续教育管理队伍，对于推动当地经济社会又快又好发展具有极其重要的战略意义。

随着社会的不断进步和发展，信息时代的来临和知识经济时代的到来，科学技术突飞猛进，社会发展日新月异，新兴行业不断地涌现，人们必须不断地加强学习，提升能力素质，适应社会需求，使得继续教育逐渐得到人们的认可。新形势下，经济社会对继续教育提出了更高的要求，让高校继续教育面临新的挑战和机遇。继续教育是我国教育事业的一个重要组成部分，所以，继续教育学院应积极构建科学、合理的教育管理模式，从教育管理实际出发，不断改革创新，完善教育管理体制，提高教学质量和管理水平，搞好新形势下的继续教育教学管理工作，这对做好我国教育工作、促进社会发展发挥至关重要的作用。

一、继续教育管理工作在高校运行的现有成果

高校资源的合理运用。高等学校作为开展继续教育工作的一个重要基地，既有丰富的图书资源和科学实验条件，又有理论知识雄厚和教学经验丰富的师资队伍。高校应充分利用学院现有资源，合理配置，保证继续教育工作的顺利开展。

高校构建了继续教育管理模式。随着高校继续教育的不断扩大，学院各系部共同构成完善了教育管理模式。很多高校根据学校教育模式和培养目标，建立了科学、规范的教育管理体制，推动了继续教育教学管理工作的开展；此外，也不断地和各系部沟通，根据专业培养方案，结合继续教育教学特点，优化改进教育管理模式。

高校对继续教育高度重视。随着继续教育培训人数的大幅度上升，各类继续教育工作得到高校的重视，高校开始适应继续教育工作的重心转移，组建继续教育管理团队，构建继续教育师资队伍。根据社会发展的需求，各高校也制订了具体的培训计划，已经成为持续开展继续教育工作的重要基地。

二、新形势下高校继续教育管理模式创新策略

（一）加深认识，重视继续教育工作

继续教育是面向学校教育之后的所有社会成员特别是成人的教育活动，是终身学习体系的重要组成部分。它的发展直接影响着我国教育的改革和发展，因此，高校在发展和完善继续教育的过程中扮演着重要的角色。高校需要充分认识到继续教育持续发展的重要性，真正把继续教育作为高校的重要任务，纳入学校发展规划，明确发展目标，制定规章制度。职能部门要统一认识，成为继续教育发展的阵地。继续教育已经成为促进我国社会经济发展的一个最佳途径。各高校必须充分地利用自身的教学优势，积极开展继续教育工作，这是社会发展的要求。

（二）创新教学管理模式，适应继续教育市场

制订具体的继续教育教学培养方案。随着社会市场经济的发展和新形势下社会技术人才的需求，继续教育必须随着市场和企业单位的进步而变化，制订培养计划。

继续教育要有好的成果，必须创新教学管理体制，在教学管理体制和考核上区别于学历教育；根据继续教育实际情况，分析并研究具体的教学管理体制，设计出针对继续教育的培养目标、培养计划、课程计划和教学方法；开拓更多的学习方式，适应信息化的发展，融入在线学习等学习方式，促进继续教育教学以多元化的方式发展。

加强校企合作，引进"双师型"师资。在继续教育培训方案中，加强校企合作，培养企业需要的人才，解决继续教育就业问题，使继续教育走进市场，以促进就业的方式管理继续教育工作，可能会取得更好的效果。新形势下，有效的校企合作是培养实用性人才和服务经济建设的重要途径，是继续教育模式的新探索，需要高校强化创新服务意识和合作模式；同时，要引进"双师型"师资，充实师资队伍，增强学校与企业的互动交流；根据继续教育的发展规划，大力推进校企之间的合作，通过开展培训等，为有针对性地开展继续教育打下夯实的基础。

（三）加强管理队伍和师资队伍建设，保证继续教育的顺利实施

继续教育的办学理念、授课内容及方法都与统招学生的管理模式不同，所以，继续教育管理队伍必须了解继续教育的特点和教学方式，具有开拓市场和制订具体培训方案的能力，结合学校教育管理模式的特点和优势，制订具体的教学管理模式。

对于继续教育，要有稳定的师资队伍。教师要对继续教育有深入的了解，并结合社会需求和学生自身学习背景，安排具体、合理的培训方案，保证教学效果，保证专业知识和实践操作相结合；结合具体课程，因材施教，总结出更适合继续教育的教学方法；同时，引进"双师型"师资，提高教学质量，优化并改善继续教育的教师结构。

（四）优化继续教育教学内容管理工作

全面分析、设计继续教育教学内容。按照社会经济发展的需求，以增强人才能力素质和技能水平为培养目标，优化继续教育课程设置，结合实际，突出特色，保证教学内容的实用性、针对性和前瞻性。由于继续教育的市场很广泛，高校要以教育资源为基础，立足于自身专业，贴近企业发展需求，开展新项目，构建科学的培训项目体系和课程内容。高校开展的继续教育培训项目和内容，务必通过学科专家、企业部门专家及管理部门的工作研究，制订具体的培养计划和培训内容，考虑培训规模和效果，突出继续教育的特色和水平。

建立教学监督组，监管教学工作。将理论水平高的教授和实际教学管理专家组成教学监督组，及时对教学管理工作进行监管和反馈，对不足和存在的问题提出合理化的建议和改进方案，逐步形成科学、合理的继续教育教学管理制度。

开展网络化教学模式。传统的继续教育模式以班级集中授课为主，使得受训人员无法获得个性化和实用性的知识与技能，而借助互联网构建的教学和学习平台，可以实现继续教育网络化。新形势下，信息化和网络化教育成为新的教学管理趋势，而将继续教育教学与网络教育有机结合，可使继续教育教学手段更为多样化发展。网络教育不受时间和地点的限制，与继续教育相结合，可以有效地实现优势互补，促进学生知

识能力的提升，为学习者提供符合个人需求的教育内容，适应新形势的发展需要。

随着社会经济的飞速发展及知识和技术进步的加速，构建继续教育体系已成为我国教育发展的重要目标。在新的形势下，高校继续教育工作应适应变化，主动创新教学管理模式，适应市场需求，以保证继续教育的持续发展。

第九节　高校学生参与教学管理模式

学生参与教学管理是一种以学生为主体的教学管理模式。这种教学管理模式能更好地培养和发挥学生的主动性、能动性，是连接"学"与"教"的重要纽带，同时也是高校"以生为本"教学理念的充分体现。学生参与教学管理模式的构建对于促进高校"教""学""管"的完美结合，促进高校教学水平和人才培养质量的提升具有重要的意义。

一、学生参与教学管理的必要性分析

（一）促进高校管理科学化

在传统的高校管理模式中，学生通常处于弱势地位，受高校、教师的管理，正当权益得不到保障。学生参与教学管理以学生的利益为出发点，通过完善的规章制度来保障学生的基本权益，通过学生参与教学管理增加学生和教师、学生和学校之间的沟通和交流，实现高校内部均衡，进而使高校的教学管理更加民主和科学，管理水平也取得进一步提高。

（二）最大限度地满足学生需要

现在的大学生具有强烈的主体意识和维权意识，能主动接受新事物，积极探讨新事物。因此，各高校以学生的利益诉求为出发点，逐步适应和理解学生角色的变化，鼓励学生作为教学活动的主体积极参与到教学管理事务中来，为学生提供一条满足其需求的最佳途径。

（三）维护学生权益的根本保证

高校学生知识储备完整，心智基本成熟，具有自己的思维和想法，参与意识强烈，尤其是在一些和自己切身利益相关的事务中，大多数都期望能以主人翁的身份参与到学校各项事务的管理中来。要保障学生的这一期望，高校就需要建立完善的学生参与教学管理的制度，明确学生的权利和义务，充分调动学生的积极性和创造性，保障学生群体的权益。

二、学生参与教学管理模式的构建

（一）总体框架

高等院校的人才培养及教学管理过程是一个系统工程。学生要通过参与人才培养方案的讨论、教学规范的汇编等工作参与到人才培养方案的制订中，通过对教师教学内容的了解、教学方法的选择等途径参与到教学过程的管理中，通过学生评教、教学信息反馈、毕业生素质反馈等途径参与到教学效果评估中，还可以通过毕业生的信息反馈参与到学校的人才培养规划中；知道学校进行人才需求分析、人才培养目标界定和人才培养规格定位，形成生产与整个教学环节的良性循环，使得学校的教学管理系统始终处于动态优化的过程之中。

（二）运行体系

参与教学运行管理。了解教学计划、参与教学决策是学生的一项基本权利。通过学生代表的形式让学生按照自己的兴趣爱好选择教师、所学课程以及学习进度，这能加深学生对学校教学计划、重大教学决策的理解，便于学生与学校达成共识，从而进一步提升学生学习的积极性和主动性。

效果评价与反馈。学生根据教学计划的实施情况和完成情况，对教学的整个过程以及教学效果进行评价和分析。高校可以把学生的评教成绩作为大学教师提升职称的重要指标，并最终将总结的结果反馈给教学主管部门和人事部门，通过论证和提取，进一步应用到人才培养方案的调整和修订中，形成相互优化的协同模式。

（三）保障机制

完善制度保障。将"以生为本"教学管理新模式需要完善的规章制度作为保障，主要包括学校教学管理规定、学生学籍管理制度、质量评价体系、教学督导管理制度、学生信息员管理制度、教学效果测评体系、教学效果反馈制度、学生申诉规定、学生违纪处分规定等。高校应不断地完善学校的制度体系，使学生参与到教学管理的整个过程，保障学生参与途径的畅通，保障学生信息反馈机制的及时、有效，从而保证良好的教学效果。

实施长效的激励机制。良好的机制能激发学生参与教学管理的积极性。首先，保证学生干部、部分学生代表参与教学管理，通过培训、交流、座谈等形式，让他们明确自己的职责，了解自己要承担的责任，不断转变态度和认识，真正成为教学管理者中的一分子；其次，通过荣誉称号激发学生参与的热情，可以设立"优秀教学管理参与人员""教学活动积极分子""优秀教学工作学生信息员"等荣誉称号，激发学生的参与热情；最后，利用新兴媒体激发学生的参与积极性。网络技术的发展为学生参与教学管理提供了更加方便的途径，因此，学校可以考虑不断地构建与学生积极沟通的平台，安排专人对学生的各种问题进行回复，加强与学生的交流和沟通。

总之，高等院校只有真正地认识到学生主体地位的重要性，并将学生参与贯穿到教学管理的整个过程，才能真正地践行"以生为本"的教学管理理念，才能长远、健康地发展。

第五章 现代教育教学管理创新研究

第一节 高校教学管理创新的必要性

高校教学管理是一项既重要又复杂的工作。近年来，随着教育体制的不断深化发展，对高校教学管理进行不断创新已是必然趋势。本节以高校教学管理创新必要性为切入点，重点对高校教学管理创新的对策做出详细探究，从而保证高校教学管理迈上一个新台阶。

建设创新型国家是我国提出的新型战略方针。如何实现创新型国家，关键在于创新型人才的培养与储备。高校是创新型人才培养的重要阵地。对创新型人才的培养成为高校教育教学管理的重中之重。

一、高校教学管理创新发展的必要性认识

随着教育体制不断深化发展，培养创新型人才成为高校首要的教育工作。高校教学管理的创新不仅是时代的发展需要，更是国家建设的需要。另外，受市场经济体制的影响，高校不断发展进步，必须进行教学管理的创新工作。新时期高校教学管理创新的必要性主要包含以下几方面内容。

（一）高等教育大众化发展的迫切需要

近年来，我国各大高校每年招生规模都在不断扩大，因而为了使高校教育跟上时代的发展，必须对高校教学管理不断进行创新与发展。

（二）高素质、创新型人才培养的迫切需要

自 21 世纪以来，世界各国综合国力的比拼愈来愈白热化，而有效提

高综合国力的关键在于科技实力的提高和创新型人才的培养。高校作为培养人才的主要场所，学生的创新教育成为重中之重。因此，高校首先应该改变思想，重新审视传统的教育理念，重新定位创新创业型人才的培养目标；其次要从教学管理制度入手，对专业设置、人才培养目标重新进行创新性定位，优化现有的教学管理制度，制订培养学生实践能力、创新精神和创业能力的教学管理制度。高校教师在教学过程中要充分考虑并尊重学生的个性差异，懂得因材施教；还要注重学生的个性化发展，培养学生的自主学习能力，并为学生自主学习创造有利的环境和氛围，采取灵活多变的教学方式，充分为学生的实践活动提供指导。从单一的课堂教学转变为教学竞赛一体化的教学模式，充分发挥学生的主体作用，把教学的主体从"教师"向"学生"转变，从而为社会培养出更多的创新型人才打下坚实基础。

二、高校教学管理创新性对策研究

教学管理工作是高校工作的重中之重。若要实现高校教学管理的创新，就要立足全面分析问题，并从整体入手进行优化，既要坚持虽然传统却行之有效的管理模式与经验，又不排斥学习、引进先进的管理方式。笔者谨慎提出以下几点建议，以完善高校教学管理的创新性改革。

（一）坚持"以人为本""以学生为本"的指导思想

理念是行为的主导，正确的理念能够引导人们在正确的道路上前进。理念会对教育实施者的行为产生影响，对教学内容、课程设置、教学方法、教育目的，乃至师生关系也有重要影响。高校的教学管理创新，归根究底其实就是教学管理理念的创新，因此，革新教育管理理念是根本。科学发展的核心就是"以人为本"，国家发展是这样，而高校教学更必须坚守理念。在高校教育过程中，坚持"以人为本"就是"以学生为本"，所有教学管理工作都要秉承"一切为了学生，为了学生的一切，为了一切的学生"的管理原则，将人文关怀渗透到日常教学与管理活动中，尽可能凸显教育方法的开放性与灵活性，最大限度地保留大学生的个性差异，让他们在高校中培养出强大的自主学习意识和创新创业能力，使学生成为社会发展与国家进步所需要的优秀、创新型人才。

（二）加强教育者自我学习，提升整体管理能力

加强对高校教学人员的管理，不断地提高管理人员的整体工作水平。这主要包括以下几方面内容：第一，加强思想政治修养。高校作为文化传播的重要场所，肩负着培养人才、发展科学和服务社会的重担。因此，高校教学人员首先要具备高度的责任心，用严谨、认真、负责的态度对待工作，这才是高校教学管理创新性发展的前提。第二，掌握现代教学管理的理论知识。为了提高高校的教育管理水平与教学质量，每一位高校教学人员都应该全面掌握现代教育理论知识，尤其对教育心理学、教育管理学等方面的学习，还要对教育教学管理制度有充分的了解，这样才能保证教学管理工作顺利开展。第三，高校教学人员应该具备创新能力和创新意识。为了高校更好地发展，教育不断改革，具备创新能力和创新意识是高校教学人员不可忽视的重要内容，只有具备这两方面能力，才能为高校献言献策，提出新的发展方向，为高校创新性发展提供实践与理论基础。高校只有在创新的道路上不断前进，找出适合自身的发展道路，才能使学生个性化发展得到保证，才能不断提高学生学习积极性。"互联网＋"的时代背景，对高校教学人员提出了更高的技能要求。网络、电脑、智能手机等都成为教学管理工作的重要工具，这就要求高校教学人员在工作中自觉地多学习，积极发挥创新意识，多掌握一些网络技术，这样不仅能保证工作效率，而且能保证教学各项工作的准确率。

（三）建立"双效激励机制"

"双效激励机制"不仅是教师积极参与教学管理的基础条件，还是激发学生主动学习的动力。"双效"其一指对教师的激励机制。高校要进一步完善针对教师所实施的各类福利政策，让教育者毫无后顾之忧地投身教学工作，一方面要不断地加大课时津贴、教学奖励等福利政策的实施力度；另一方面要鼓励高校教育者将个人兴趣融入教学活动中，改变重科研轻教学的倾向，做到教学与科研两手都要抓、两手同时抓，为教师努力营造出公平、合理的教学管理氛围。"双效"其二就是指对受教者——学生的激励机制。充分完善对学生的激励机制，是提高学生学

习积极性与创新性最行之有效的措施。首先，高校要引导学生提高自主学习能力及创新能力，给学生创造出良好的学习氛围，引导学生树立正确的人生观、世界观和价值观；其次，高校要多途径、多方面为优秀学生搭建创新平台，使学生接受教育的场所不再单一地局限于课堂，通过诸如课程实践、实习、竞赛等多途径为学生发展提供机会；最后，高校要建立学生参与教学的管理制度，让学生通过校方的正规途径充分了解学校、学院在教学管理方面的创新性工作，从而更好地发挥学生的主观能动性。面对新时期的高校发展，建立"双效激励机制"已是必然趋势，支持教育者与受教者的工作与学习，让"教"与"学"在高校教学中发挥出最大的功效与潜力，从而达到教学目标的最优化。

（四）深化教学管理体制创新

为了满足新时期我国经济体制发展需求，教育体制要适时地进行相应的改革与创新。学校主要进行宏观政策、机制上的调整，进行相应评估检查，而各个学院的主要职责是对教学过程和教学质量进行监管。因此，高校教学管理重心要下移，首先，高校要改变传统专业课程的设置模式，让全体教师都主动地参与到教育教学的改革、学生课程的培养方案优化工作中，从而发挥出教师的各自优势，节约高校教育资源；其次，完善高校教学管理中校、院两级分级管理模式，重点强调院系教学管理的主体地位，明确其中的权利与责任；最后，建立更加科学的学分制度，努力促进高校教育思想、教育观念、教学模式、教学内容与方法的变革。

高校教学管理创新工作是大势所趋，必须凝集国家、高校和社会各界的力量共同协同完成，秉承"以人为本"的科学发展理念，努力提高自身的管理能力，建立"双效激励机制"，努力深化教学管理体制创新，为高校教学管理创新迈上新台阶奠定坚实的基础。

第二节　网络时代高校教学管理的创新

高校教学管理信息化是高校利用先进的计算机、数据库和网络技术，实现教学信息的资源共享，使传统的教学管理向规范化、科学化、数字化和网络化发展，最终形成与高校教学管理发展并存又相互作用的虚拟教学管理系统。近几年来，随着现代信息技术的飞速发展和网络基础设施的不断完善，高校教学管理信息化建设取得了重大进展，采用信息技术运行的各种教学管理信息系统更是得到了广泛的应用，促进了从宏观到微观的高等教育管理体制的改革与创新。

一、网络时代高校教学管理信息化建设的背景

随着科学技术的进步和全球经济的飞速发展，人类社会已进入一个崭新的信息革命时代，即网络时代。21 世纪对高校人才的培养也提出了更高的要求。当前，高校教学管理工作面临着网络新时代发展背景。

网络时代高校教学管理面临的新问题挑战。21 世纪是一个信息技术高速发展的时代，以计算机技术、网络技术及各种新媒体手段为核心的信息技术纷纷出现，并被广泛地应用于社会各领域中，成为拓展人类能力的主要工具。在这样的信息化环境下，高校的教学管理工作面临着新的机遇和挑战。

为了应对这种挑战，国内很多高校进行了以选课制、学分制、弹性学制为核心的教学管理改革运动。选课制是学生在一定的规则范围内，自主选择所修的课程。学分制与学年制相对应，以学分考核学生的学业完成情况，用规定的毕业最低总学分来衡量学生的学习量和毕业标准。弹性学制是学分制的另类发展和表现，指学生可以根据自身的条件和特点来安排学习，其最大特点是学习时间的伸缩性、学习过程的实践性以及学习内容和学习方式的选择性。这些教学管理改革运动在一定程度上符合高校教学管理信息化建设的需求。

二、高校教学管理信息化建设的新路径

网络时代，高校教学管理信息化在高等教育改革和发展中发挥越来越重要的作用。为了进一步提升高校教学管理的科学化和现代化水平，各高校要在电子教务管理系统、管理人员信息素养、筹资渠道、教学管理软件、教学评价机制、可持续发展等方面积极探索教学管理信息化建设的新路径。

建立信息化电子教务管理系统。高校要根据自身的实际情况，利用现代信息技术，建立以信息化为平台支撑、完整统一和技术先进的电子教务管理系统；实行以信息化为平台支撑的教学管理改革，实现智能性、互动性、个性化的教学管理。建立信息化的电子教务管理系统，高校要从以下具体方面着手：一是建立完备、可靠的教学信息处理系统，在各教务管理部门间实现统一的信息浏览、成绩管理，通过对学生基本信息的高速共享，促进教学管理部门之间的高效协作；二是建立集教务工作自动化和信息化为一体的先进的电脑网络系统，通过电子化、无纸化、信息化，实现教学管理的规范化，提高教学管理效率；三是随着教育资源管理系统、课程管理系统、课程制作系统、智能答疑系统、作业与考试系统等的相继出现，推行以选课制、学分制、弹性学制为核心的教学管理改革运动，实现个性化教育和创新人才培养。此外，高校要利用网络技术，发挥互联网的优势，建立教育资源库和校园门户网站，为学生和教师提供方便的网上教学平台，为师生构建网上协作学习的良好环境。

提高教学管理人员的信息技术素养。高校教学管理信息化建设对教学管理队伍的综合素质提出更高的要求。提高教学管理人员的信息技术素养和信息管理能力是实现教学管理信息化的关键。首先，在新任教学管理人员的招录上，要针对信息技术素养设定一定的录用标准，通过现代化信息教学设备的实际演练和操作进行能力考核，择优录取；其次，要对新任教学管理人员进行信息技术培训，根据岗位特点，有针对性地加强信息管理知识的培训，提高其计算机、网络技术和多媒体技术的应用水平，扫清其技术和操作上的障碍；最后，对在职的教学管理人员进

行年度性的信息素质考核，通过制订有效的惩罚和奖励机制，促使教学管理人员主动适应信息化社会发展的需要，不断提高自身的综合素质，不断积累计算机、网络、多媒体技术等方面的知识，更新和拓宽自己的技能领域，熟练驾驭现代信息教学技术。高校通过这三个途径，最终要打造出一支具有教学管理经验和创新能力，能熟练应用基于网络技术的教学管理信息系统的高素质的教学管理队伍。

各级教育主管部门、各高校要组织本校那些既懂现代信息技术又懂教学管理的人员共同开发研制质量高、适用性强的教学管理软件，而教务处的系统规划者也必须全程参与到开发过程中。在具体的开发过程中，要采用国家标准和教育部对教育信息化管理的规范，充分考虑上级教育主管部门对学校和下级管理部门的要求，实现数据的完全共享，提供完整的信息指标体系，使其内容能够满足各种类型高校的需求。

建立教学管理信息化的评价机制。科学的教学管理信息化评价和激励机制，可以有效地促进教学工作水平和教学质量的提高。为了有效促进高校教学管理信息化建设的发展，各高校要根据不同层次和类型的教学工作要求，制订科学、合理的评估指标体系，采取切实可行的评估方法，对各层次和类型的教学管理工作进行科学、客观的评估，为今后改进教学管理工作提供科学的依据。此外，高校要建立支持教学管理信息化的教学评价标准，对教师因运用信息化技术进行教学而增加的额外工作量进行合理评估，并建立与之相对应的物质奖励机制或课时抵用的合理计算方法，从而提高教师进行信息化教学的积极性。对信息技术与教学的结合而产生的教学模式和学生学习效果的改变，也要建立一套合理的评估体系，支持高校教学管理信息化建设的进一步发展。

促进教学管理信息化建设的可持续发展。高校教学管理信息化建设是一个长期曲折的过程，因此要努力使其实现可持续发展，具体要做到以下几个方面：一是实施教学管理信息化的全面、协调发展。教学管理信息化的实施不仅要体现对学校教学工作的重要支持，还要体现出对科研、行政管理和社会服务的支持，要让教学管理信息化带动高校整体信息化的协调发展。二是对教学资源进行优化配置、合理利用与保护。教学管理信息化系统是一个较为复杂、庞大的管理系统，主要包括硬件设备、应用软件以及管理人员等各种资源，因而在具体的教学管理工作中，要对这些资源进行优化利用和配置，同时也要做好对这些资源的维持和保护工作，发挥它们的长期效用。三是加强各级教学管理人员的信息技术能力建设，通过不断地提高教学管理人员的信息技术素养，不断地深化高校教学管理信息化进程。

总之，高校教学管理的信息化建设是当今高等教育发展的大势所趋，也是适应当今网络时代对创新人才培养的要求。各高校要充分利用现代信息技术，探索新的教学管理模式，促进高校教学管理信息化建设的发展，进一步提高高校教学管理的科学化和现代化水平。

第三节　大数据背景下高校教学管理创新

在互联网技术的迅速发展及影响下，我国已经进入大数据时代。大数据的信息使人们的生活、工作、学习得以全新地改变，同时也受到了教育管理者的推崇与使用。目前将大数据的信息与高校对于学生的管理模式进行有机结合，不仅能彻底摆脱低效、落后的管理手段，同时也能够大大地提高高校对于学生开展管理与服务的工作效率。

高校是学生接受教学培育以及日常生活的主要阵地，因而需要制订针对有效教学的管理制度，并且要通过充分运用教学教育的管理手段，才能高效地实现对于学生的教学管理目标。大数据的普及和运用，对教育行业也带来了新生。很多高校慢慢脱离了过去传统陈旧的教学管理模式，同时为了适应大数据时代的发展趋势及当前的教学管理实际需求，高校对于教学管理工作也实施了一场创新改革，取得了很明显的效果。

一、大数据技术的概念内容

大数据技术就是涵盖海量数据的整合，指的是无法在一定的范围与有限时间内开展信息内容的收集与高效管理的数据形式。整合与处理海量的大数据信息资源，能够对企业事业单位的相关工作进行相对应的决策指导，优化大量信息数据的管理过程，且推进不同种类无形资产的快速增长。大数据技术的运用，其最终目标并不是搜集大量的数据信息，而是处理巨大的数据资源，通俗地来说，就是整合使用多个数据信息库，再对数据库中覆盖的大量信息资源进行"加工"，能够在原来的基础之上促使数据信息价值的增值。

二、大数据背景之下高校教学管理的创新策略

加强高校教学应用数据信息技术的管理意识。当前大数据不但是高校教学管理的无形资源，同时也是高校不同部门进行教学管理决策的关键性依据。基于大数据信息技术的分析和研究的教学角度，高校教学管理的相关部门工作人员要加强自身数据化管理的工作意识，创建对学生进行教学引导的信息化平台，对高校的各种数据资源信息进行统一整合，深度挖掘出与学生心理教育及课程教学有关的数据信息内容，以此来真正实现大数据对高校教学管理的有效服务。

创建数据信息的统一管理标准来实现共享数据。构建统一的高校教学信息管理的相关标准，能够大大地减少采集信息时出现过多无用的数据，从而有助于充分保障收集、储存及利用有用的数据信息，同时也能减少工作量，提升管理效率。另外，各所高校建立统一数据收集与管理的相关标准，能够使不同的云端存储平台形成有机的衔接，且能通过互联网平台去共享和交流各种数据信息资源。高校可以利用服务器和数据库等相关硬件设备，通过互联网平台共享互通学生的数据信息资料，同时再筛选出有用的信息进行深度地挖掘。例如，高校的相关管理部门可以将学生的考试成绩、得奖情况、挂科情况、参加社会实践活动、课堂表现等信息进行统一整合，然后，在学期末尾根据这些信息对学生进行综合性考核，给予相关的奖励与惩罚，如对于表现好的学生发放奖学金、发放优秀学生的荣誉证书、保研等，而对于表现差的学生可以实行记过，甚至留级的对应惩罚。

第四节　慕课背景下的高校教学管理创新

在高等教育信息化背景下，慕课浪潮席卷全球，对高校的教学管理提出了挑战。本节分析了慕课对高校的教育生态、教学理念、教学管理制度、科层管理模式、基于专业的教学管理范式、传统的教学模式等方面的挑战，并探索了慕课背景下，应对这些挑战的高校教学管理创新策略。

一、研究背景

高校教学管理，是高校教学行政人员为完成教学任务、提高教学质量，运用一定原理和方法，通过一系列特有的管理行为，组织协调和指挥、控制教学工作，以实现教学目标的过程。教学工作是学校的中心工作，而教学管理是教学工作正常运行的基础。科学、合理的教学管理是提高教学质量的保障，并能够促进教师不断地发展和提高，直接影响学校的人才培养质量和育人目标的实现。高校教学管理的主要内容有教学计划管理、教学质量管理、教学运行管理、教学评价，以及课程管理、教材管理、专业管理、教师管理、学生管理、教学管理制度等。

《国家中长期教育改革和发展规划纲要（2010—2020年）》明确提出，要加快教育信息化进程，信息技术对于教育发展具有重要影响，要促进教学内容、教学手段和教学方法的现代化。应充分利用优质资源、先进技术，创新运行机制与管理模式，优化整合现有资源，构建先进、高效、实用的数字化教育基础设施。高等学校要利用信息技术创新教学管理方式，将教学管理与信息技术相融合，提高教学管理水平，从而提高教学管理质量。

慕课（简称"MOOC"，是英文"Massive Open Online Course"的缩写），又被称为大规模开放在线课程，是一种基于计算机技术和互联网应用，通过网络平台，把课程的教学录像、课程简介、教学大纲、参考资料、作业、重难点指导等教学活动必需的资源全部上传至网络，使学习者通过在线学习和互动交流，达到获取知识和技能的教学活动。慕课规模庞大，资源丰富，由很多国家的著名高校提供。发布慕课的教师多为业内权威教师，教学经验丰富，课程门类众多，内容精准；参与慕课的学生规模庞大，来自世界各地的成千上万名学习者可以在线学习、互动交流。慕课将课程资源发布在网络上，让学习者根据自己的喜好和需要，选择适合的课程。课程内容公开透明，形式多样，时间和地点不受限制，对学习者的身份和人数也无要求，因此，学习者只要有时间，人人都可以自由学习。慕课实现了以学习者为中心的学习方式。教育的作用体现在教师的"教"是为了学生更好地"学"，而慕课真正还原了"学"的本质，体现了师生互动、生生交流，重视学生的学习体验，使学生对知识的认识和理解在互动与交流的过程中逐步加深。慕课基于互联网平台，没有师生之间的面对面交谈，更多的是人机对话，缺少监督和约束机制，难以保证是学习者本人在学习，作业是否抄袭，学业水平的真实性无法考证。因此，慕课对学习者的自主性和自我约束力提出了更高的要求。慕课在很大程度上促进了信息技术与教育的融合，加快了教育信息化进程，并为跨国界校际交流与合作提供了桥梁与纽带，推动了全球优质教育的资源共享，有利于促进教育公平，让学生形成终身学习的理念。

二、慕课背景下高校教学管理面临的问题和挑战

慕课的出现为我国的高等教育带来了重要的机遇。慕课不仅是对教育技术的革新，更重要的是对传统的课堂教学模式的颠覆。慕课的兴起必然会带来教育体制、教育观念、教学模式、人才培养等方面的深刻变化，而这些变化又会给教学管理带来一系列问题和矛盾，成为高校教学管理面临的新问题、新挑战。

（一）慕课对高校的教育生态提出了挑战

慕课的出现对现有的高等教育生态带来了冲击，高校将面临全球化竞争的压力。任何人在任何地方只要通过网络就可以在线学习，与名校名师交流，教育生态向开放转型，高等教育的大众化、普及化转变是大势所趋。慕课的机会均等，促进了教育公平，也改变了高校的竞争模式，让高校面临前所未有的压力。慕课带来了教育成本的降低，对高校的管

理体制也带来了挑战。慕课可以免费学习，如果要得到学分或证书，只需缴纳少量费用。相对而言，高等学校的学生学习成本要高得多，而每年数千数万元的学费以及同质化的课堂教学模式已引起了对高校教育教学改革的思考。慕课打破了高校的围墙，同时也打破了世界范围内的国界限制，高校面临全球化的竞争。一些名校或具有优势资源的学校，通过慕课，可以扩大知名度和社会影响力，在竞争中占有绝对优势，而生源和师资力量相对薄弱的应用型高校在竞争中明显处于劣势。

（二）慕课对高校的教学理念提出了挑战

慕课作为一种全新的教学模式，对高校教师的教学计划、课程设计、教学大纲、教学内容、教学投入提出了更高的要求，对学生的主动性、积极性、参与性，对教学管理的科学性、规范性、先进性等，都提出了更高、更严格的要求。来自国内外名校名师的慕课，无疑会对学生有着更高的吸引力，这对于一些师资力量相对薄弱的一般高校和教师来说必将带来巨大的压力和冲击。因此，高校教师和管理者必须改变重科研轻教学的理念，把教学工作作为高校的中心工作，树立"以学生为中心"的教学理念，提高教学水平和人才培养质量。

（三）慕课对高校的教学管理制度提出了挑战

高校的教学管理制度是高等学校对教学工作有效管理、对师生员工的行为规范进行约束引导，从而实现高校教学目标和人才培养目标的重要保障。教学管理制度在高校中具有约束、激励和导向功能。慕课的到来，对高等学校的管理者来说，还是一个新鲜事物。在慕课建设与推广过程中会出现新的问题和矛盾，且传统的教学管理制度已无法适应慕课背景下的教学管理，因此需要相应的教学管理规章制度来促进慕课的顺利开展。如何制订慕课课程的认证标准，如何引导教师积极参与慕课建设，如何计算慕课的学分，如何共享慕课的优质资源，如何改革慕课背景下的教学管理方式，如何评价慕课的教学质量，如何调动学生的学习积极性、阻止学生的抄袭与作弊，如何建设本土化慕课课程，如何计算慕课的教学工作量，等等，这些都对传统的教学管理制度提出了挑战。

（四）慕课对高校传统的科层管理模式提出了挑战

传统的教学管理是建立在科层制管理基础上的。科层管理强调的是程序化、系统化的方法，在严密设计的各种组织中有很多规定好的程序，通过成员执行规定的程序完成任务。科层管理追求效率和逻辑，以自上而下的管理作为运行机制，关注的是控制而不是理解。强烈的科层制导致的是从属而不是创新。在科层制管理下容易形成管理主义意识和控制情结。因此，科层制的教学管理模式与慕课背景下的教学管理模式有着严重冲突。慕课突破了跨国界的校际界限，对封闭式的科层制教学管理提出了挑战。

（五）慕课对高校基于"专业"的教学管理范式提出了挑战

高校传统的教学管理范式是"专业管理"。这种管理的结果就是高校的教育资源被一个个专业分割，课程资源在同一学校甚至同一学院内都不能被共享。在"专业管理"范式下，以固定的课程组成明确口径的专业，形成一种固定的批量人才培养模式，这是与计划经济体制相适应的。在教育信息化和慕课的背景下，大量优质的课程资源在全球范围内被共享，促进了学习方式和教学方式的改革，各所高校希望通过慕课平台来提高自己的影响力和知名度。基于"专业"的教学管理范式已不能适应慕课背景下的教学管理，因此，高校需要构建适应慕课发展的课程管理范式，以实现复合型和多元化人才的培养。

（六）慕课对传统的教学模式提出了挑战

慕课的到来对传统的教学模式带来了冲击，但是并不意味着慕课可以完全代替传统的课堂教学，因为慕课本身也有许多不足，只能作为传统课堂的补充。传统的课堂教学在创新思维、创新能力、批判思维、团队合作精神和意识、人文素养等方面具有慕课不可相比的优势。因此，如何实现慕课与传统课堂教学的无缝对接，对高校的教学管理提出了挑战。

三、慕课背景下高校教学管理的创新策略

（一）积极推进慕课本土化，将在线教育纳入高校发展战略

在教育信息化的环境下，在线教育已经成为教育国际化的重要途径。高等学校要从战略上重视在线教育，纳入学校长远发展的规划，抓住信息技术高速发展的机遇，以慕课为契机，大力发展在线教育。目前高校区域联盟有上海交大等"C9"高校和一些"985"高校组建的"中国慕课联盟"等。建立高校慕课联盟，有利于制定统一的慕课标准和共享机制，缩小校际教育资源的差距，有助于推进教育国际化，提高教育质量。

（二）优化师资队伍，更新教学理念，建立新型的教学团队

信息技术的高速发展给高校教师带来了严峻的挑战，同时，也带来了难得的发展机遇。高校应加强教师队伍建设，采取各种措施，更新教学理念，对于在慕课建设和教学改革中出现的优秀教学成果，可以在职称评审、岗位聘任时作为重要的依据，引导教师将更多的精力用在教学上。以教学发展为中心，对教师开展培训：一方面，聘请相关专家和技术人员就慕课平台的建设和使用开展专题培训；另一方面，鼓励教师走出去，观摩学习国内外优秀的慕课课程，深入了解慕课，亲身学习完成一门慕课课程。慕课的建设，需要优秀的教学团队合作共建。高校要加强教学团队建设，推进教师分工和多元化发展，将教师的个体劳动向团队协作转变。在慕课背景下，教师要对自己的角色与职能进行调整。学生成为教学活动和课堂的中心，而教师不再是单独的知识传授者，而是个性化学习的指导者和服务者，教师的职能和角色应朝向多元化、专业化方向转变。师资结构要适应慕课的发展，教师的个体角色向"三位一体"的专业化团队角色转变，主讲教师负责慕课视频的制作设计，辅导教师负责慕课的课堂教学活动的答疑讨论，助理教师负责线上的辅导和对数据材料的收集整理。新型的教学团队需要分工合作、各司其职，这样既能提高教学环节的专业化程度，也不会出现因工作量繁重而导致手忙脚乱的局面。

（三）建立、完善慕课发展的规范与标准，创新教学管理制度

标准化与规范化是慕课在高校顺利开展的基础与保障。高校教学管理部门要组织专家，尽快制定慕课环境下的教学管理制度，建立和完善慕课课程教学标准、课程运行标准、学分认证标准、工作量计算标准、教学评价标准、网络技术标准等。在慕课课程建设方面，不仅要重视慕课课程规模，更要重视质量建设，制订严格的课程认证标准，达到标准才能上线；对于上线的课程，要定期评估，对教学评价低、学生完成率低的课程要下线停开；制定适当的激励制度，一方面激励教师积极地投入慕课建设中，另一方面引导学生适应慕课的教学方式，调动学生学习的积极性；制订学习效果评价标准和学生诚信奖惩制度，通过大数据分析学生的学习过程和学习成绩，提出有针对性的指导和解决方案。

（四）力争多主体参与，由科层管理转向共同治理

治理强调的是多元主体的共同管理，是一种协作、互动，而不是自上而下的管。高校的教学管理不在于控制与约束师生，而是激励与鼓舞师生。高校要树立教学管理是服务师生的理念，发挥专业权力，发挥教授专家治教的作用，充分体现师生的主体地位，激发和引导师生共同参与到教学管理工作中来；对教师和学生给予决策、建议和监督的权利，发挥教师、学生的反馈与评价作用，使教师、学生、教学管理部门之间相互监督、相互制约。要推动慕课的积极开展，仅靠单一的行政力量远远不够，要突破封闭式的管理，让利益相关者成为教学管理的主体，力争多元主体参与，主要包括校长、院系领导、教师、教学管理部门、学生、家长、社区等，积极创造机会，提高教师的领导能力，充分发挥校、院两级教学指导委员会、学术委员会、教学督导委员会的教学管理与监督功能。

（五）建立"课程管理"的教学管理范式

建立新的教学管理方式，使"专业管理"向"课程管理"转变。在"课程管理"范式下，专业是课程的组织形式，教师通过组织课程，确定教学内容，而学生通过选择课程，去获取一定的知识能力。高校应突破传

统的"专业"内涵，以劳动力市场为导向，提供与社会需求、个人需求相适应的课程。学生根据自己的意愿选择合适的课程，确定自己的主修专业，从而完成高等教育的学习。"课程管理"的重心在于课程。高校可以建设不同类型、不同层次的教学内容和课程结构。不同的课程组合可实现不同的专门化，从而打破"专业"的固化和静止。在慕课背景下，高校应该充分地利用慕课的优势和特点，积极开发、建设本土化的优质慕课。在本校慕课建设能力不足的情况下，高校应根据人才培养方案和培养目标，引进适合本校学生的优质慕课。

（六）试点翻转课堂，创新混合式教学模式

慕课对传统的教学模式影响很大，但是也不能解决所有问题，更不能完全取代课堂教学，所以线上教育与线下教育相结合的混合式教学模式成为各大高校的探索方向。混合式教学模式就是将传统的课堂教学的优势和数字化教学的优势结合起来，这样既能发挥教师的启发、引导教学过程的主导作用，也能体现学生作为学习主体的主动性、积极性。在混合式教学模式下，学生自己安排学习进度，自己决定学习的深度和内容，遇到疑问可以通过线上向教师或者其他学习者求助，也可以通过课堂教学直接向教师求助；教师从重复性的讲课中解放出来，可有更多的时间和学生沟通、交流和互动；学生从被动接受向主动学习转变，授课模式也从传授式学习向探究式学习转变。

翻转课堂是混合式教学模式的主流形式，指的是把传统的教学模式"课堂教师讲课，课后学生作业"翻转为"课前学生自主学习，课堂教师答疑解惑"。具体的教学流程：学生在家里通过观看视频自主学习，查找资料完成练习，发现疑难问题；课堂上，学生提出疑难问题，教师组织交流讨论，解决问题。翻转课堂聚焦于每一位需要帮助的学生，让能力各异的学生变得更加优秀，使真正的差异化教学成为可能。学生在观看视频时可以随时暂停，直到学会，不用再为跟不上教学进度而焦虑。翻转课堂使师生之间、学生之间的交流增加了，有助于建立积极、互动的学习氛围。

第五节　基于知识管理的高校教学管理创新

　　高校教学管理是高校管理的核心。知识管理是伴随着知识经济应运而生的一种新型管理理论。本节以知识管理与教学管理创新相结合为基本点，对知识管理与高校教学管理创新相结合的实现途径进行了阐述，旨在使高校重视和运用知识管理，来推进教学管理创新步伐，以增强高校自身的竞争力。

一、高校教学管理内容及价值链构成

　　长期以来，高校为谋求自身发展，在教学管理方面均采取了相应的改革措施，使教师在专业技能、教学质量以及学生的学习方法、成绩测定等方面有了很大的改进和提高。虽然如此，高校教学管理还存在许多不尽如人意的地方，例如，教师显性知识获取的积极性不高；教师缺乏学习和知识共享的气氛；教学管理环节多且管理混乱，管理效率低下；教学管理中违背教学规律等现象比较突出；学生缺乏学习知识的积极性，不但理论知识学习掌握不够，且实践能力和适应社会发展的创新能力低下等。

　　高校教学管理是由两个紧密联系的价值链条构成的，一是教师管理及教学效果评价价值链；二是学生学习及创新能力培养效果评价价值链。两个价值链条相互依存、相互影响。

　　从以上价值链的构成看，在整个教学管理中，不论是对教师或是对学生的管理，其内容不仅构成了一个完整的、复杂的系统工程，而且每一个方面都表现为知识的存在和知识的运用。

二、高校教学管理创新中实施知识管理的必要性

　　知识管理是高校教学管理创新工作自身发展的需要。高校通过教学

管理创新，使知识的传授在学校与教师、教师与教师、学校与学生及教师与学生之间有机地联系起来，更能创造出一种教师和学生所拥有的显性知识和隐性知识互动的机制和平台，特别是教师将创造出的新知识传授给学生，以最大限度地满足社会发展的需要，这正是高校得以生存与发展的根本。

科学的知识管理模式能使高校教学管理创新工作实现有效管理。高校教学为适应培养复合型人才的需要，必须引入知识管理的管理模式，采用现代技术手段和管理方法对教学过程实施有效管理。高校教学管理中成功实施知识管理，可以充分地激活人与其所拥有的知识这两大管理要素，可以使教师所拥有的知识得以最充分地运用，并对其进行更加合理的组合，其中对人的"智力—教师"这一核心要素的挖掘最为关键。

推进知识管理是高校自身特点的要求。高校的智力和人才、研究开发能力、创新能力等，既与企业存在差别，又具有其自身的特点。高校的发展需要充分发挥智力资本和人才优势，提高研发和创新能力，这在客观上决定了高校教学管理创新中知识管理的紧迫性。

三、知识管理与高校教学管理创新的关系分析

知识管理为高校教学管理创新提供基本理论支持。从上述教学管理价值链构成要素看，对教学管理整个链条的战略谋划，每一个环节的组织协调，前瞻性或创新性知识的获取及传授，教师实践能力的提高，学生实践能力的培养及教学效果的评价等，都需要以全面、系统、科学的理论为依据。教学管理战略是在通过知识管理对来自学校所需人才信息进行深入分析的基础上、对复杂多变市场环境的把握上，对人才培养面临的机遇和挑战做出灵敏反应，以准确预测市场发展变化趋势，从而使教师所获取和传授的知识符合市场发展的要求。知识传授与学习过程不仅需要教师有丰富的、创新性的知识，而且需要借助现代化的硬件设备，而实践能力则是为适应市场经济的要求培养应用型人才的客观需要。评价是对教师教学质量、效果，学生学习及接受程度所进行的综合性测试和总结。

知识管理为教学管理创新提供人才资源保障。教学管理创新是通过

人来实现的。高校不论是教学管理人员还是教师，其本身就是由有知识的人组成的整体，关键问题是如何发挥人才的作用。因为"人"只是知识、智慧的载体，所以通过知识管理，可针对性地引进并培养高素质的教学管理人才，以强化教学管理创新的战略决策能力，并通过建立教学管理创新运作机制和完善各项管理制度，以充分调动教学管理人才在教学管理方面创新的积极性，从而增强高校的核心竞争力。

知识管理促进教学管理创新中知识的共享，提升高校核心竞争力。知识共享的程度越高，给教学带来的利益就越多。但知识还具有高度分散性和隐蔽性，故对知识的共享形成了障碍，使得高校教师出于自利和竞争的需要而对知识采取垄断的态度，从而阻碍了知识的传播和扩散。这导致教师不愿将自己的知识分享给同行或将自己的内隐知识传授给学生。高校知识管理的实施，就是在知识拥有和知识应用之间架起一座桥梁，疏通知识转化渠道，不断提高知识共享程度，从而加快教学管理创新的步伐。

知识管理提升教学管理创新能力。知识管理的最终目的是支持高校教学管理的创新、创意，形成新的管理创新思想和新的管理理念，通过知识管理活动，充分利用知识、内化知识、创造知识、传授知识及运用知识，使创新思想变为现实。这样不但能增强高校自身的竞争力，同时也使得高校核心竞争力的价值最终得以实现。

知识管理为教学管理创新营造文化氛围。由于教学管理创新过程需要进行必要的监督，通过知识管理，可以营造出高校内部教学各单位的协调统一，包括决策者对学生的关心、支持和帮助，对健全、完善的规章制度的控制，鼓励教师具有进取和冒险的精神，以绩效决定工资报酬和晋升报酬，以及失败、宽容等内容在内的文化氛围。这样不仅降低监督成本，而且向教师和学生提供了一种无处不在的自律监督力量，以此来加快高校教学管理创新的步伐。

教学管理创新是组织知识转化为教学管理创新思想的实践。教学管理创新思想的形成，不是凭空出现的，而是教学管理人员经过知识管理过程，将有用的信息转化为教学管理创新理念以后，才进一步将该理念转化为教学管理创新的新思想，从而形成教学管理创新的前提。

随着市场经济的不断发展，高校面临的竞争日趋加剧，而这种竞争实质上是人才的竞争。能否抓住高素质的人才,将直接关系到高校的成败。教学管理创新实施知识管理,将有助于高校更加重视高素质创新人才机制的健全和完善,造就一支能适应市场竞争的高校人才队伍,以满足市场对人才培养和创新技术的需要。

教学管理创新过程是知识管理方法论的运用。教学管理创新思想的形成,仅仅是知识管理开始实践的第一步,为达到预期的目标,还必须进行创新决策、创新实施等环节。因此,教学管理创新过程是知识管理形成的创新思想价值在这一环节的实现。教学管理创新,一方面使技术创新思想成为一种现实;另一方面是在知识管理过程中形成的系统、全面的组织专业知识在教学管理创新中得到了运用。

人才培养素质的提高是教学管理创新中知识管理的结晶。知识管理的最终目的是提高人才培养的综合素质,除人才培养本身质量外,重要的是在教学管理创新过程中知识管理实施所培养人才在社会实践中所得到的检验。因此,人才培养的社会化过程,实际上就是知识管理理论和方法的实践的延长,而这一过程不仅检验了理论的可行性,也充分体现了知识管理与教学管理创新的价值。

四、知识管理与教学管理创新相结合的实现途径

重视知识管理对教学管理创新的作用。通过协调和整合教学管理人员、教师的知识与技能,使其发挥最大成效,这是高校的生存之本。这种协调和整合需要有高校文化的长期牵引、激励约束机制的内部动力和科学规范管理的推动,只有当这三者达到最佳结合时,才能使高校的教学管理创新得以实现,而结合的最佳手段和方法则是通过知识管理的实施。通过知识管理所建立起来的高校文化、激励约束机制及科学规范的管理制度,才能将涉及影响教学管理创新的各个因素整合起来,形成整体和系统优势。

搭建知识管理平台,为教学管理创新提供基础保障。高校教学管理创新是一项长期、复杂的系统工程,因此,必须搭建知识管理平台,通过对知识的获取、分析、储存、共享、利用及评价等工作的开展,为教学管理创新提供基础保障。一是进行知识交流与共享的宣传,通过知识

交流与共享的宣传，使教师逐渐形成自觉，主动地参与到知识的交流与共享中；二是建立知识网络和创造适宜的环境，主要是将蕴藏在教师个人头脑中的知识同市场信息结合起来，以保证教学管理创新活动的不断进行；三是建立不断进行知识创新的驱动机制，随着高校面对的市场竞争更加激烈，当高校拥有领先一步的管理时，质量就成了制胜的关键。因此，创造适宜的条件和环境，充分开发和利用高校的知识资源，进行教学管理创新，提高教学质量，以培养更加符合市场经济要求的人才为目的知识管理，是高校发展中的一项重要内容。

强化高校的战略决策能力。高校教学管理创新是依据自身的发展战略进行的，而高校的战略决策能力直接影响着教学管理创新。利用知识管理平台，提高对高校人才培养市场信息的收集和分析能力，明确自己的战略定位，明白应该追求什么和放弃什么，并根据高校发展的不同阶段，不断地适时和调整战略决策，在保证战略决策能力的有效性和独特性的同时，使教学管理创新长期处在动态之中。

构建高校专业发展的核心力量。高校专业发展的核心力量有存量和流量之分。核心力量的存量是高校专业发展的储备水平，是核心专业发展的基础；核心力量的流量是指专业发展的创新能力。利用知识管理平台，提高高校专业发展核心力量的储备水平及专业发展创新能力，保证高校专业发展存量的增加，使高校自身逐渐形成专业发展的核心力量。世界许多知名高校之所以能够生命力旺盛、经久不衰，关键的一点就是其通过持续地研究、创新，不断打造专业发展的核心力量，特别是教学管理方面的创新，使其不断地培养出高素质的人才，并不断地进行知识积累和创新及管理经验的积累和创新，从而不断地增强自身发展的核心竞争力量，使其长久立于不败之地。

知识管理为高校教学管理创新奠定了理论和方法论基础，教学管理创新为知识管理价值提供了实现过程，因此，两者处在一个统一体中。这使得高校在实施知识管理的同时，必须结合教学管理创新的实践，使知识管理的理论与方法真正达到与教学管理创新实践的紧密结合，以知识管理助推教学管理创新步伐，从而在持续不断地教学管理创新中得到更好、更快的发展。

第六章 现代教育教学管理的实践应用研究

第一节 激励理论在高校师资管理中的应用

伴随着社会现代化建设,传统教育模式已经跟不上社会发展的脚步,因此,我国教育部门根据这种情况开展了新一轮教育改革工作。教师作为高等院校中重要组成部分,对一所高校的发展来说有着不可替代的作用。因此,将激励理论融入高校师资管理工作中,能激发教师对工作的积极性,从而提高教师的教学质量与学生学习效率,促进高校快速发展。

现阶段,高校师资管理指的是一些高等院校利用科学、合理的方法对教师进行管理,以达到更好的发展效果。高校在发展过程中可以将激励理论融入师资管理中,激发教师工作积极性,从而提高教师工作质量与效率。此外,激励理论主要包括激励、培训、考评、惩罚等方面,而这些方面对师资管理的水平来说有着很大的影响。因此,高校在发展过程中需要将激励理论进行不断完善,只有这样才能提高教师的教学质量。

一、激励理论在高校师资管理中应用的原则

(一)精神激励与物质激励互相支持的原则

现阶段,高校在进行师资管理过程中,要以精神激励的形式来满足教师在工作中的需求。高校做好精神激励,才能为教师树立正确的价值观与思想观,并满足教师物质上的需求。同时,精神激励还在一定程度上保证教师的工作动力。但是人又是一种客观的存在,每天都会因为一

些琐碎的小事而产生烦恼，所以需要将精神激励与物质激励相结合，只有这样才能满足教师心理、精神、物质上的需求，从而使其做好教学工作。

（二）奖励与惩罚相结合的原则

奖励与惩罚在心理学与科学中被称为强化刺激。高校应对于教师在日常工作中一些复杂、烦琐的小事进行反馈，并对事情结果进行分析，判断出对错。奖励激励常常被人们正强化，需要根据社会发展现状来制订对应的奖励对策。惩罚又被称为负强化，其主要原因是指在工作过程中一些事情不符合社会期望和组织的要求，从而导致所做之事出现错误。在这个经济快速发展的时代，教师们每天都会处理一些大事小情，从而导致他们的心里所想变得十分复杂，导致在教学过程中会出现一些不稳定心理。因此，各高校在对教师进行激励时，需要打破传统思想束缚，做到奖罚分明，只有这样才能真正地将激励理论在高校师资管理中得到广泛应用。

（三）内在动力与外界压力同时发挥作用的原则

教师在工作过程中，常常会产生一些内在动力与外界压力。内在动力主要是靠教师的精神力量与对工作的喜爱而产生的动力。教师如果热爱这份职业就会在教育工作过程中获得一定的成就感，使自身在教学过程中充满正能量。现阶段，教师在教学过程中常常会出现一些好强心理，因此，学校要跟上社会发展的脚步，联系教师的教学现状，优化教学设备，为教师制订对应的教学目标，只有这样才能给教师的工作带来一定的压力，使教学工作变得具有挑战性，从而增加教师的成就感，提高教师的教学质量。

二、高校教师的有效激励方式

（一）目标激励

各高校应该结合各教师的教学现状，制订出一个对应的激励目标，只有这样才能调动教师的个人行为，将教师往一个正确的方向引导。明确激励目标可以有效地提高教师的前进动力，并结合个体目标产生巨大的合力。高校在制订激励目标时，应做到以下两点：一是设置客观、合理的激励目标。该目标必须要以高校的教学条件与水平去设置。教师可以通过自己的实力来完成目标，并保证教学目标具有较强的挑战性。二是教师的个体目标与学习发展目标相结合教师将这两个目标相结合，把眼光放得更加长远，在工作过程中认识到自己的重要性，从而激发对工作的积极性，提高教学质量与效率。

（二）竞争激励

设置竞争激励环节可以为教师创造一个优胜劣汰的教学环境，使教师在工作中感受到一定的压力，从而激发教师努力奋斗。随着高等教育不断地改革，高校应该制定全新的人才招聘制度，并由一些资深教师担任考核工作人员，让教师认知到当前教学环境竞争的激烈性，只有这样才能使教师在日后的工作中发挥重要的作用。

（三）考评激励

考评激励制度是对教师工作日常的表现进行考核评定，并以一个科学、公平、公正、公开的态度进行考评，只有这样才能提高教师工作的积极性与工作效率。教师通过考评制度可以发现自己在工作中的不足，并加以改正，提高自身的教学素质。高校通过考核的反馈工作，开启优胜劣汰工作制度，使教师在工作过程中产生一定的压力感与竞争意识，从而自觉地树立全新的发展目标，加大工作劲头，为高校的发展做出巨大的贡献。

（四）环境激励

实现高校师资管理，并且稳定现有的优秀教师资源，需要高校为教师提供良好的发展环境：第一，生活环境；第二，教学环境。为了鼓励科研教师能够安心投身于教学与研究中，高校应该为教师提供良好的生活环境，提升其生活质量，并且从多渠道筹措资金，为教师提供福利。当教师投身于教育与科研时，高校能够为教师提供奖励，对他们在教学上的精力投入加以鼓励，以酬留人。我国出台的"特聘教授"制度，就是提升高校教师待遇的典范。高校教师在这种资源待遇下，一方面提升了工作热情，另一方面实现了精神上的满足。

在教学环境上，高校需要为教师创造浓厚的学术氛围，这样才能够有效吸引学术大师的加入。良好的学术氛围与其他的薪酬待遇相比，更具有吸引力，因为在浓厚的学术氛围中能够尊重个体发展，以及实现个体与学校发展的同向性。优秀的高校教师能够在轻松的学术氛围中发挥出自己的特长，并且在教师全体内部能够产生比较强的向心力和凝聚力。因此，在高校中营造浓厚的学术氛围，是高校实现教师合理流动的关键。

第二节　柔性管理在高校教学管理中的应用

近几年，各个学校的教学改革不断推进，传统的高校教学课堂管理方式已经不能适应现代教育模式下学生的学习需求。高校教学必须寻求新的教学管理方式，提高学生的课堂学习积极性，培养学生思考能力、动手能力及表达能力，建立良好的师生关系、同学关系等，使全体学生融入一个和谐、共进的环境下，使学生积极参与到课堂教学过程中，提高学生学习效率。本节研究主要分析与探讨柔性管理在高校教学管理中的应用。

随着知识经济时代的到来，尤其对于高校教学管理来说，要想寻求一种符合时代特征和社会发展规律的教学管理模式，那么把柔性管理应用于高校教学管理中对提高其教学质量和人才培养水平将有着重要的促进作用。

一、柔性管理的内涵

（一）体现个性化教育特征

个性化教育，即承认学生在智力、生理、情感及社会背景等不同方面的差异性，充分了解对方兴趣、爱好及特长，有利于区分学生特点，从而更好地开展教学，使学生获得教育满足。因材施教，即充分理解学生的个性、价值、尊严，在教学中不断地发现学生的特长和闪光点，鼓励学生大胆思考，从探索中寻求知识。高校教师要尽可能地让学生成为自主学习和自我管理的主角，尊重学生在学习和生活中的主体地位，积极发挥其聪明才智和创造性，提高其学习效率。

（二）具有激励作用

马斯洛的需求层次理论把人类需求分为不同层面，即尊重需求、社交需求、安全需求、生理需求、自我实现需求，其中尊重需求和自我实现需求是人类需求中的最高层面，也是人类生活中的激励因素。

二、高校教学管理的影响因素

（一）教师因素分析

教师是学生的引导者，在教学过程中起着重要的作用。教师的教学观和学生观，以及在教学活动中的行为对教学管理具有一定的影响。教师作为行为模范，如果不能摆正自己在教学中的态度和行为，就会影响师生关系，可能会成为教育过程中的主宰者，导致师生之间只能形成管理与被管理的关系，无法实现和谐、共进教育管理的目的。

（二）家长因素分析

家长的成长观和对学习的态度直接影响着教育的质量。家长是学生的法定监护人，如果没有正确的教育观、成才观，没有以正确的态度对待学习，势必会影响学生的学习态度，同时也影响和谐、共进教学管理措施的实施。

（三）学生因素分析

学生是教学的主体。随着年龄的增长，学生在和谐师生关系中的影响逐渐增大。学生如果没有正确的学习观念、良好的学习习惯和学习态度，不仅会影响和谐师生关系的建立，还会影响教学管理的实施。

三、高校教学管理应用柔性管理的价值

高校教育的主要任务是培养为文化工作的人才，因此，高校教育和高校体制改革是高校教育工作者首先要考虑的问题。当前经营性文化产业和公益性文化事业是我国改革文化体制的主要思路。在上述两个思路引导下，文化交流、服务、管理及生产都会以不同于其他教育领域的方向开展，如教育改革如何衔接文化体制、人才培养如何衔接市场需求及培养机构的确定都可借助柔性管理。

四、柔性管理在高校教学管理中的应用

（一）贯彻"以人为本"的教学管理理念

高校教学管理的主要对象为教师和学生，实施管理的目的在于坚持面对服务对象和教学第一线的首要原则，调动学生和教师的主观能动性和积极性，贯彻"以人为本"思想。高校不管出台何种教学管理制度、政策及措施，都要和上述要求相符。为提高学生主体地位，教师要及时鼓励学生参与教学管理并多发表意见，适当时要给予决策。这在一定程度上可以使高校学生将随时变化的社会环境转化成促进自身奋发进取的内在动力。此外，高校还要加强教师与学生之间的沟通，因为有效的沟通能使双方获得理解后在达成共识的基础上，可以更为顺利地开展教学管理工作。

（二）培养激励、流动机制的柔性人力管理资源

高等院校所建立的柔性激励机制在于根据教师工作环境，制订宽松、和谐的工作方式和激励考评方式，真正实现高素质创新人才培养的目标。科学、合理的激励机制主要集中在教师业务水平考核、教师改革、教学岗位津贴分配等，能促使教师在改革方面主动、积极地分析、思考、钻研各种创新活动。高校在培养新型专业人才时，要进一步优化教师教育专业课程设置，构建有利于专业学生综合素质培养的课程体系，要采取

各种形式及措施转变学生观念，重视学生综合性文化基础知识的学习，从而培养出具有创新意识的高素质专业人才。

（三）建立符合个人、社会需求的柔性管理

柔性管理体现出"以人为本"的本质，强调在自由发展的基础上发挥自身潜力，极力维护人的尊严。刚性管理则以"物"为前提。高校作为培养高层次人才基地，十分适合采用柔性管理方法，尤其该方法强调以德服人，通常会在潜移默化中促进人的行为改变。再加上目前高校教育逐渐往大众化方面转变，要求学生加强综合课程的学习，将传统的专业理论、公共课和专业课整合为具有职业基础和性能的课程，有效增强学生就业的针对性。加强培养创新型教师人才，即对教师的教学方式、思想观念进行创新，通过此种方式对学生产生影响，促使学生发挥创造性和内在潜力。学校要为教师构建一个充分施展自身才华的平台，以此激发教师的上进心和积极性，尤其激励教师大胆对教学进行改革，培养各种创新型优秀人才。

在高校课堂教学管理中，我们应该结合现在的科技进行更为前沿的教学，从多种条件下进行考虑，较好地完成其中的一些管理措施，确保措施管理的有序进行。在课堂上，教师要确保学生的一切行为是不违反教学结构的，从而更好地挖掘课堂的行为规范。总之，教师应当积极地做好对学生课堂的观察，在确保学生是在进行高效率学习的同时，确保课堂秩序的维持。

随着我国经济水平的不断提升，教育观念、方式相对于以往也有所改变。目前许多高校都强调教学质量和管理，希望能提高人才培养的质量。柔性管理的实施有利于调动学生、教师对学习与工作的积极性和主动性，能凸显"以人为本"的特质，最重要是对推动社会文化发展起着积极的促进作用。

第三节　社交软件在高校教育教学管理中的应用

社交软件具有直观形象、资源丰富、便于操作、节省时间的特点，目前已经在高校的教育教学管理中进行了广泛的应用和普及，但是在利用社交软件进行教学管理的过程中也暴露出一些新问题，因此要通过科学引导、强调纪律、经常维护管理、搭建积极平台的措施，不断地强化社交软件在教育教学管理中的应用。

随着市场经济的迅速发展和网络技术的日益普及，在高校教育教学管理中对社交软件的利用越来越普及，甚至成为不可或缺的教学工具。在充分享受社交软件便捷服务的同时，如何克服社交软件管理中的漏洞，充分利用好社交软件，结合传统教学手段，不断地提高教学效率，进而培养出高素质、能适应社会需求的综合能力突出的大学人才，是学校和教师必须面对的课题和义不容辞的责任。

一、社交软件在高校教育教学管理中的应用现状

目前在高校中应用最广泛的社交软件就是微信、QQ 和微博，有的学校还开发出了本校的校园网 App 软件，主要应用方式和环节有：在课下学习交流活动中，一些教师通过建立微信群、QQ 群等方式，把相关教学的学习内容和资料分享到群里，让学生在茶余饭后利用碎片时间，根据个人学习进展情况进行浏览复习，不断提高时间利用效率；有的教师和管理员通过在 QQ 或微信里建立班级群，安排布置教学作业，督促辅导学生消化所学知识，及时在群里传达学校最新通知和有关要求；有的教师和管理员还通过学校建立的 App 平台，把最新发生的、具有典型意义的教学案例和安全注意事项推送到平台上，组织大家讨论交流，让学生获取最新消息和前沿知识，对日常安全提高重视和警惕。少数院校利用 App 平台开展教学评价活动。此外，广大师生借助社交软件摆脱纸

质评价模板的束缚，学校教务部门利用手机 App 实时组织评价，学生通过手机 App 实时动态地反馈学习效果和所需所求，进而减少中间工作人员的统计环节。

二、社交软件在高校教育教学管理应用中存在的问题

尽管目前社交软件在高校教育教学中应用得比较多，从总体上取得了较好的效果，但仍然存在一些问题，主要有以下几点。

（一）部分教师过度依赖社交软件进行教育教学管理

越来越多的教师和管理员体验到了社交软件进行教育和教学管理的便利之处，但是也存在过度依赖的倾向。一些教学活动本该由教师和学生在教室内面对面地开展，但是，一些教师图省事就把相关教学任务发到群里，组织学生讨论、提意见，失去了面对面交流的氛围和情境。还有一些辅导员把谈心谈话和经常性促膝谈话也变成了 QQ 和微信文字或者语音聊天，让思想政治工作的实效性大打折扣。

（二）社交软件的管理维护不理想

QQ、微信等社交软件在教学管理应用的初期，让学生具有很强的新鲜感，群里比较热闹，互动交流也比较多。但是时间一长，学生渐渐失去了新鲜感，对群里教师和管理员的通知和要求，也不能做到及时回应。一些教师和管理者仅满足于在群里通知过了、要求到了，但是因为学生不及时回复——一些学生是看到了不回复，有的学生则是真没有注意到，所以教师和管理者对各项通知与要求是否真正通知到了学生、是否真正入心入脑，并不掌握。社会软件的管理维护不理想，很容易造成传达上的误会和失误。

（三）利用不好则影响学生的正常学习

从严格意义上讲，利用社交软件交流沟通是教育中的重要组成部分，具有良好的发展前景。在社交软件上聊天需要有相应的时间做基础，但一些学生却利用社交软件谈恋爱、聊天等，没有把时间和精力放在学习上，对学习内容涉及较少，这就在一定程度上对学生的学习造成了影响。

三、对社交软件在高校教育教学管理中应用的思考

（一）加强对社交软件应用的指导和规划

高校要加强对社交软件在教学应用中的规范和统一，制订管理办法，并根据每年的实际情况进行局部调整，以素质教育和创新教育为重点，分年度研究解决社交软件应用的重点、难点问题，不断地寻求利用社交软件辅助教学改革新的"突破口"；定期进行教育思想研讨活动，每年选择 1~2 个与社交软件相关的专题，在师生中深入开展教育思想研讨活动，不断地强化现代教育理念；适时邀请相关专家和教授来高校做社交软件和信息技术辅助教学的教育理论以及教学改革学术讲座，有针对性地组织外出参观调研，定期组织学习研讨，通过各种途径和方式，使教师了解社交软件在高校应用的发展形势，跟上教育改革的时代步伐。

（二）合理开发应用，积极启发思考

教师和有关管理人员要在建立社交群之后经常进行引导和互动，在运用之前进行认真的调试，确保能够正常使用；在社交群内发布制作的课件和采用的信息化手段要充分考虑学生的需要和特点，积极发挥启发的作用，引导学生积极进行思考；要进行合理规划，把社交软件教学管理手段和传统教学管理手段有机结合，充分地发挥教师的教育引导作用，在师生积极互动中不断提高教学管理效果；通过社交软件教学管理手段，让学习更加直观形象、方便快捷，让学校和班级更具有感染力。此外，有条件的学校和教师还可以利用社交软件为学生进行远程视频授课交流，提供在正常教学过程中无法实现的教学环境，通过这些新技术的应用，增强课堂趣味性，有效地激发学生的学习兴趣和创造力。

积极搭建网络互动平台，拓宽高校教育教学管理途径。在教学管理中，学校和教师可以建立专门的微信群、QQ 群、百度云等平台，把与学习相关的资料及时发到群里或者平台上供学生学习使用和交流讨论；要在校园网上及时开辟相关教学专区，组织教师和学生积极参与、及时更新，发布学习资料和励志故事，使学生在浓厚的学习氛围中潜移默化地提高；

建立手机 App 教学平台，方便学生查阅资料、观摩案例，通过拓宽教学信息的传播途径，为培养高素质人才打下良好的基础。

（三）加大信息化建设经费投入，完善信息化硬件设施

目前各级院校都在强调社交软件等信息化手段在教学中的重要性，一些院校也进行了一些投入和建设。对此，校方应积极主动地适应信息化、网络化的时代要求，进一步提高对高校信息化教学建设的重视，不断加大信息化建设经费的投入力度，对免费 Wi-Fi 等硬件载体要逐项完善；要强化资金使用管理，建立信息化建设资金使用台账，以确保专款专用；教育主管部门和院校要把社交软件等教学信息化手段建设作为单位和教师年度目标考核的重要内容，形成有针对性的目标考核体系，不断地促进教学信息化手段的建设；加强图书信息资料建设。通过社交软件的存储与传输功能，丰富信息图书馆藏，增加学生自学所需图书资料，进一步完善高校论文撰写数据库建设，做好电子阅览室扩建工作，实现图书馆信息网络系统升级，让学生通过社交软件进行阅读与交流，提高图书馆信息资料保障能力，为学生自学创造条件。

（四）加强教师信息素养培养，熟练掌握社交软件教学应用环节

各级院校要注重加强对教师信息素养的提高，要加大对相关信息化专业人才的引进力度。对新聘用的年轻教师，要增加计算机和网络管理相关知识的考核，积极选调精通计算机、网络技术以及 App 等软件制作的教学人才；要积极引进对信息化设备的管理维护人才，加强平时的使用管理和日常维护；对稍微年长的老教师，要坚持问题导向及时制订培养计划，通过组织送出去到信息专业院校进行培训、邀请信息专家来院校授课培训、组织社交软件等教学信息化手段、运用好的教师登台谈经验等方式，逐步加强对教师信息化素养的培训，从而使其熟练掌握社交软件辅助教育管理的各个环节，从而不断地提高高校利用社交软件进行教学管理的成效。

（五）加强学生学习管理，提高社交软件的使用效率

高校应把学习管理作为社交软件教学管理的主要内容，通过在社交软件中经常提醒学生，向学生弘扬正能量，让学生形成良好的思想品德

和行为习惯，获得知识和技能。高校在利用社交软件进行教育的同时，必须把学习管理作为主要内容，采取思想政治教育、引导学习方向、开展学习竞赛、交流学习经验、恰当进行奖惩等科学的方法和手段，端正学生利用社交软件的目的，激发学生学习热情和学习兴趣，培养学生学习品质，充分调动学生学习的积极性、主动性，引导学生不断地改进学习方法，为学生创造良好的学习条件，增强学生的学习效果。高校应注意研究新时代学生管理的新特点，结合社交软件的利用，坚持科学管理与严格管理相结合、统一要求与个性发展相协调、行政管理与学习管理相统一，积极探索适应素质教育、创新教育要求的交流管理模式，为学生的全面发展提供必需的时间和空间，营造既严格、正规又生动活泼的人才成长环境。

总之，社交软件在教育教学管理中的应用有着无法阻挡和回避的趋势，同时也是学校和教师进行教学管理的重要内容。学校和教师要加强学习，不断地掌握和利用社交软件辅助教学的技能，从而适应信息化新时代对高校人才培养的新要求。

第四节　高校实践教学质量管理平台的建立及应用

通过实践教学的方式培养人才的综合素质，是当前我国教育领域普遍推行的教学策略。实践教学的质量决定了整体教学效果，而实践教学质量管理是实践教学质量的重要保障。本节阐述了实践教学质量管理的内涵以及重要特征，以此为依据对高校实践教学质量管理平台的构建基础进行分析，并对高校实践教学质量管理平台的应用内容以及应用策略进行阐述。

随着社会经济建设对人才质量要求逐步提高，复合型应用人才已经成为我国高校教育培养人才的目标。而实践教学是高校各学科重要的人才培养方式，对提升学生创新意识、创造能力、实际操作等高阶素质具有显著的教学效果。

一、高校实践教学质量管理现状分析

实践教学质量管理是高校实施实践教学活动，培养学生创新能力和应用能力的关键性保障。实践教学活动是一项涉及多因素、多维度、复杂化的教学方式，而为保证实践教学质量需要科学、系统的管理平台进行支撑。因此，很多高校引入了实践教学质量管理平台。该平台在实践教学过程中能够相互协调、合理且有效地完成教学工作，使实践教学发挥出培养人才综合素质的教学优势。建立实践教学质量管理平台，不仅是提升实践教学活动教学质量的核心途径，更能够为高校的整体运行提供规范的管理制度和强大的数据支持。

二、高校实践教学质量管理的重要特征

实践教学质量管理是根据一定的标准对教学活动各环节进行调控与检测，以提高实践教学质量为目标的行为。首先，教学的内容与实际生产、生活密不可分，实践教学质量管理具有实践性的特征是毋庸置疑的；其次，实践教学的内容、教学方式以及教学环境等因素需要多方面进行协调与配合，教师、学生、校外指导人员、实验技术人员等多个对象须进行系统化管理，决定了实践教学质量管理的复杂性；最后，学生参与科学研究，以及各种社会实践活动，不再是简单地运用教师指导的内容，而是需要充分发挥自主性和创造性，因此，实践教学质量管理具有学生主导性的特征。综上所述，实践教学质量管理在教学活动中对教学质量的提高起到了积极作用，同时也对教学活动中可能出现的问题进行科学预测并对已出现的问题进行有效解决；实践教学质量管理对教学中各环节的顺利运行起到了合理调配的作用，帮助各环节教学功能得以有效发挥，并对教学环节进行系统的数据统计，为后期的教学考评工作提供客观的数据参考。

三、构建高校实践教学质量管理平台体系

（一）完善创新型实践教学内容

创新型实践教学内容是实践教学质量管理的核心目标。该教学内容主要有四个部分：基础能力训练、综合能力训练、单向实践训练以及社会实践训练。这四部分主要是对学生的创新思维意识和实际解决问题能力进行系统化的培养与锻炼。创新型实践教学内容的设置与完善，需要建立在高校教育理念的科学性与先进性的基础上。高校教育理念的科学性体现在对传统教学观念的改革以及对传统优秀教学经验的继承；高校教育理念的先进性体现在以创新意识和科学发展观为指导，将教学内容与信息化管理平台相结合。因此，高校教育在具有科学性和先进性的教育理念指导下，将以上四部分教学内容得以实施，培养学生科学思维模式、综合思维模式、创新思维模式和解决复杂实践问题的能力。

（二）完善实践教学质量管理制度

实践教学质量管理制度是实践教学质量管理在具体实施中的依据和标准。该制度在制定中应遵循科学、有序、合理的原则，并结合客观实际情况进行定期更新，以保证实践教学质量管理制度的可操作性。该制度包含实践教学质量标准、创新实践项目管理制度、实践教学课堂管理条例、实践课程教学质量考核制度等五个方面内容，其主要目的是以教学质量、教学效果为衡量标准，对实践教学活动中各环节进行规范与监控，使实践教学活动能够按照既定程序设计顺利完成，产生良好的既定效果。因此，实践教学质量管理制度的完善是实践教学质量管理工作有效展开的基础，也为验证实践教学每个环节是否达标提供有力依据，所以，实践教学质量管理规范的制定与完善迫在眉睫。

（三）优化实践教学质量管理信息处理及反馈渠道

实践教学质量管理信息处理以及信息反馈是实践教学质量管理的重要环节，在整个管理流程中扮演着不可取代的角色。在实践教学活动各环节出现的问题以及主动反馈的问题，都需要及时被实践教学质量管理

人员进行分析并解决，以保证实践教学活动有效开展。由此可见，信息渠道是连接实践教学质量管理机制与实际问题的桥梁，不仅对重要信息进行互通式的传递，也是教师、学生、各级教学管理人员对实践教学质量管理工作提出意见的必要路径。信息渠道得到有效的运行，是实践教学质量管理工作得以顺利开展的保障。对于信息渠道运行的方式应融合信息媒体技术，建立实践教学质量管理公众信息平台。该平台应具有一定的开放性，并对各种网络传播途径具有兼容的功能，进而使实践教学质量管理工作内容的发布、反馈信息的获取进行有效的连接。信息媒体传播技术拥有便捷性与即时性的优势，帮助实践教学质量管理平台及时获取有效信息，促进实践教学活动与实践教学质量管理在最短时间内有效地进行互动，实现工作效率的最大化，从而使信息渠道能够保证实践教学管理工作的质量。

四、高校实践教学质量管理平台的应用

实践教学质量管理平台是在实践教学管理体系的基础上进行构建的，与高校的各管理部门相对接，在平台上进行资源共享，具体可分为以下四个大类。

（一）实践教学质量管理平台

实践教学质量管理平台具有实践项目管理、实践过程管理、实践教学任务管理和实践课程排课管理等功能。该平台是实践教学质量管理的核心。由于实践教学本身具有复杂性的特点，涉及与该课程相关的设备、材料以及师资等多方面都需要实践教学质量管理平台发挥协调与评测的作用，以平衡相互之间的关系。实践项目管理内容主要包括项目序号、项目名称、项目类型、计划学时、项目要求、所用仪器设备以及运用原理等基本内容，并与高校课程管理数据系统相联系，按课程分类将教学课件以及教学题库进行排列，方便实践教学过程中教师与学生的使用。实践教学过程管理有实践课程预习、实践报告提交、实践成绩汇总等功能，为教师的实践评测所有环节进行过程管理提供数据支持。该基础数据在实践教学质量管理平台中能够长期有效地得以保存，不易丢失，并共享

给各教学部门，为查询数据、互相学习交流提供便利。实践教学质量管理平台对实践教学任务的管理主要是从教学计划方面着手，对实践课程的名称、单位（班级）、授课教师、授课学时、学生人数等相关资料进行记录和统计。实践课程排课管理功能充分考虑课程特点，结合教师与学生的时间安排，在不冲突的情况下进行顺序排课和循环排课。该模块为教师、学生和管理部门提供了修改、查询与实时更新等功能。

（二）独立设课教学质量管理平台

独立设课教学质量管理包含除毕业设计和实践类课程以外的所有实践教学类型环节，虽然在教学活动中具有复杂性的管理特点，但是从质量管理的角度上来看具有相同的特征。其主要构成部分包括课程前期计划安排、学生教学任务分配，以及对实践教学过程的管理监督和教学成果的提交与认定；主要流程是实践教学活动的任务负责人向独立设课教学质量管理平台提交实践教学计划与安排，主要包含学生的分组、经费预算、课题发布、后勤保障等内容。该平台需要对课程各环节间进行协调，保证除毕业设计和实践类课程以外的所有实践教学类型环节能够顺利完成，强调实践教学质量管理工作的调度功能以及具体掌控能力。

（三）毕业设计管理平台

实践教学质量管理工作对毕业环节进行管理与调度，实现毕业生对毕业论文写作、帮助导师指导工作的有效开展，而相关管理部门可以通过毕业设计管理平台对学生的论文完成情况进行查阅。毕业设计管理平台主要包含选题、开题、中期检查和答辩等管理功能。其中，选题管理需要通过师生互选、多级审核等功能对选题质量把关，保证学生的选题方向符合要求；开题管理包含开题报告撰写以及学生对文献资料的查阅等内容；中期检查是对学生写作进度情况的考察与记录；答辩程序以及答辩记录都可以通过毕业设计管理平台上传网络管理系统，为毕业设计指导工作提供方便。毕业环节的教学质量是实践教学质量管理中的重点部分，涉及学生写作、教师指导、相关管理部门审查等工作，三者之间关系紧密，须对其进行详尽且合理的管理设计和管理落实，帮助毕业环节中各主体对象能够高效地完成任务，也可以促进相互间的配合与协调。

（四）教学档案管理平台

教学档案是高校教育教学活动评估与分析的重要依据，同时也是实践教学质量管理的直接载体。教学档案管理平台通过对教学档案进行有序存放、分类汇总、统计档案数据，可以实现和教务管理平台、师资管理平台、学籍管理平台以及设备管理平台的有效对接，从而形成更加完备的整体教学档案存储系统，为学校的运行，包括各独立平台的运行提供强大的数据支持，对高校管理和实践教学工作提供信息处理、数据挖掘、数据分析等帮助。教学档案管理平台在实际构建中需要建立核心数据库，融入信息管理技术，对数据库的管理工作应归属到实践教学质量管理范畴。数据库应用范围包含各教学单位的教学资料统计、实践教学活动数据统计以及高校教务工作数据统计。数据库的建立与完善是提升高校教学档案管理质量的有效途径，制约着高校教学质量改革。

实践教学质量管理体系构建的客观条件是完善实践教学内容，主观条件是完善实践教学质量管理制度，辅助条件是优化实践教学质量管理信息渠道。实践教学质量管理工作是对实践教学活动中的"教"与"学"两部分进行信息化管理，为全部实践课程提供辅助支持，使实践教学质量管理平台发挥协调与评测的作用，平衡各使用对象相互间的关系，帮助独立设课实践教学质量平台强调实践教学质量管理工作的调度功能与掌控能力，协助毕业设计管理平台对毕业论文各环节进行管理和监控，同时对高校的档案管理工作进行优化升级。希望高校实践教学质量管理平台的推进，能提高各项质量管理工作的水平，以促进教育事业的蓬勃发展。

第五节　目标管理法在高校教学档案管理
中的应用

高校办学规模的扩招，也使高等教育在结构、类型和层次等诸多方面呈现出新的特点。新的教育理念融入高校学科建设和日常教育管理中，呈现出多元化发展特点，给高校教学档案管理提出了新的要求。本节在分析目标管理法及高校教学档案管理的相关内容基础上，提出目标管理法在高校教学档案管理中的应用，为进一步提升教学档案管理质量和效果提供理论参考。

近年来，随着高校教育体制改革的不断深入，我国高等教育办学模式也发生了许多重要变化，教学从最初的精英化教育逐渐向大众化方向转变。这也使得高校教学档案种类不断增多，内容更趋复杂和多样，与其他档案相比，除了"自然形成""历史记录""利用价值"外，在内容上也呈现出分散性、复杂性特点，而时间上的周期性（如本科、研究生学历培养的周期性）以及形成上的成套性特点，给高校教学档案管理提出了更高要求。

一、目标管理法

目标管理法应用到高校教学档案管理中，就是以现代科学管理理论为基础，根据高校教学工作的实际情况，以及时代发展对高校教学档案信息管理需求，确定一定时期内高校教学档案管理的预期目标，并据此制订相应的管理方案，分配档案管理人、财、物等资源，并组织实施，最终根据实施的结果，依据相应的评价标准和办法对其工作成果做出相应评价的一种管理方法。

二、高校教学档案管理概述

（一）高校教学档案管理范围

高校教学档案涉及教学、管理、服务等环节，承载着高职各专业教学实践历程，是反映高校学生职业能力和素养的重要资料，也是高校长期办学实践中形成的无声教材。根据教育部《高等学校档案工作规范》的相关要求，明确提出高校教学档案应实行"三纳入"原则，即高校教学档案应纳入教学计划、规划，纳入教学管理制度，纳入各级管理人员岗位责任中。以科研档案为例，它主要包括科研项目从申报、立项、中期检查到结题验收、研究成果的全过程，具体来说，包括立项论证报告、科研项目开题报告、经费预算报告、科研专家评审意见、审批文件以及各种合同书等；还包括试验阶段的实验原始记录、试验报告、设计图纸、技术说明、项目阶段总结，以及鉴定、验收、经费决算报告、技术转让合同或协议书，等等。

（二）高校教学档案管理流程

根据教育部《高等学校档案工作规范》的相关要求，明确提出高校教学档案应实行"四同步"原则，即下达教学任务与提出教学文件材料的归档要求同步，检查教学工作与检查教学文件材料形成积累情况同步，评审、鉴定教学质量、教材、优秀教学成果与审查、验收档案材料同步，上报评审材料、教师考核晋升与档案部门出具归档证明同步。高校教学档案管理有着严格的流程管理要求，以教学档案中的科研档案为例，其管理流程主要包括三个步骤。以立项、研制到完成的时间为序，要及时做好科研档案的收集、整理、鉴定、归档和开发利用工作。一是立项，高校科研管理部门根据学校实际下达当年科研立项计划，课题组申请立项，并填写立项申请书。科研管理者组织人员对申报的立项进行评审，通过评审后会下达立项通知书，同期下达课题归档范围。二是研制，课题负责人组织人员收集科研所需资料，并进行科研活动的研制工作，在此过程中形成的具有保存价值的文件及时装入预立卷档案袋中。三是科研项目完成后，课题组会按照科研流程将课题中的资料进行整理组卷，注明保管期限及密级，并由科研管理部门验收，合格后交由档案管理部门负责整理。

（三）高校教学档案管理作用

高校教学档案是高校整个教学工作的真实历史记录，是高校发展中新的教学思想，对全面提升高校教育质量、巩固教育改革成果等方面发挥着重要作用。

查考凭证。高校教学档案是高校教研活动的原始记录，是教研过程与结果以及教研成果应用的重要见证，也是高校教研工作服务社会中可以查考的凭据，它是管理者做好日常教学管理的证据材料，也是为其教研活动或制度的设计提供决策的重要依据。教研档案如实记录了高校教师教学活动从备课、评价到教学成果的考核等全过程，是记录教学活动成功开展的重要经验总结，也是高校广大师生了解过去，完成日常学业任务的重要参考资料。

评估依据。近年来，上至教育部，下至所在地的教育行政主管部门加强了高校教学工作的评估。高校需要将收集到的教学资料（多为教学档案收集范围）提供给评估专家作为教学评估的现实依据。通过教学档案资料的查询，评估组会整体掌握高校教学计划、教学进度及教学完成情况，以及对课程设置、科研成果、学生成绩等内容做出一个定量分析和整体的判断，给予教学成果科学的客观评价。因此，教学档案的准确性、完整性对于教学成果的评估发挥着重要作用，是教学评估工作的基础。

三、目标管理法在高校教学档案管理中的应用

制订目标。首先是建立目标体系。将目标管理法应用到高校的教学档案管理中，应注重运用科学的程序对高校的教学档案管理的总目标进行详细的规定，并且在总目标确定后将其进一步地细致分解，细化成为若干个小目标，同时落实到具体管理人员和管理部门中，使这些部门或人员有着明确的目标任务。在此过程中，要注意各目标之间的协调性，使整个目标体系更加完整和科学。目标体系可以由年度教学档案工作目标、院系档案工作目标、学校档案工作目标共同组成。其次是建立明确的目标责任制。为了使已制订的目标能够顺利实现，必须要建立一套完善的目标责任制，使具体部门和具体人员都有相应的目标管理责任。

实施目标。教学档案目标确定后，关键在于其实施，在此过程中要尤其注重教学档案管理者做好权限下放，以及相关部门或人员一定的自我控制，一方面能够保证落实教学档案工作过程中在目标完成时所需的权力；另一方面要给予人员或部门充分的信任，在目标实施的方法、实施的路径选择等方面尽量少干预，发挥工作人员的积极性。此外，要全程做好教学档案管理过程中的行为控制和监督检查，检查工作人员及部门教学档案目标是否如期完成以及是否存在问题，并及时给予指正或帮助，重点是要比较目标的实际值和

期望值之间是否实现，以及实现的程度，从而做到目标管理的动态控制。

评价目标。在教学档案人员或部门将档案完成后，管理者要根据之前的目标完成情况进行相应的评价。评价主要包括上级评价、同级相互评价以及自我评价等多种方式，必要时将采用多种方式相结合。

第六节　应用心理学在高校教育管理中的有效应用

随着国家对于教育管理的重视，心理学的相关理论和方法开始广泛应用到学校教育管理中去，而积极心理学、教育心理学、应用心理学等方面的理论在教育教学中也取得了较好的成就。本节主要探讨应用心理学在高校教育管理中的有效应用。

随着应用心理学在高校教育中的应用，人们总结了很多有效的方式方法，以强化应用心理学对于教师、学生的帮助，同时，应用心理学的应用也在不断地升级和完善。在实际的教育管理过程中，心理学应用有利于提高教学管理的效率，促进师生关系的和谐统一，推动学生心理健康地发展。

一、应用心理学在高校教育管理中应用的意义

心理健康标准的评判依据是根据人的情绪控制能力、气质性格类型、社会适应能力、人际交往能力以及抗压能力，等等。现代大学生面对学业压力、社会压力并不比社会人少，所以要关注学生的心理健康。高校教育管理更需要重视学生的心理教育及咨询。应用心理学是将心理学理论运用到实际的实用型心理学科。应用心理学的使用范围非常广泛，公司企业、学校教学、事业单位等很多领域都能看到应用心理学的身影。应用心理学理论涉及学生和教师的心理特征分析，而借助这些理论可以有效分析学生产生心理问题的原因，使用心理学方法可以让学生能够正确地认识到高校教育的积极影响，有利于解决现代大学生面临的心理问

题，促进其心理和谐发展。因此，应用心理学在高校教育中的运用具有长远的意义，且在教学管理中将会发挥重要的作用。

二、积极心理学在高校教育管理中的运用

应用心理学的涵盖内容相当广泛，其中积极心理学对人的行为和心理成长有非常好的促进效果。

（一）罗森塔尔效应

这是美国的心理学家罗森塔尔通过实验得出的积极心理学理论。他在一个班级里随意挑选几名学生作为未来最有潜力的学生，拟成名单，交给老师，让老师对这几名学生进行单独鼓励，强调他们的发展潜力。几个月后，这几名学生的学业都有了明显的提升，超出老师的预料，而这个实验结果就被称为罗森塔尔效应。

罗森塔尔通过实验证实了积极心理学的重要作用。高校教育管理者可以通过鼓励的手段，对学生或者教师产生积极的、正面的影响，这对于提高教师的教学质量和学生的学习积极性都有明显的作用。

（二）公平理论

公平理论是美国心理学家亚当斯提出来的。他认为，人们工作与学习的动机不仅受到既得利益绝对值的影响，同时也受到相对值的影响，即人们在得到利益时会与自己的付出和投入做比较，当付出和投入大于所得的报酬时，就会感到不公平，如果两者是均等的，则会产生公平的感觉。

学校的教育环境营造和教育制度制定对于教师与学生来说有积极的促进作用。高校教育应该公平地对待每一位学生。教育者做到以身作则、因材施教，不可歧视或者不公平地对待学生；要从教学管理的角度出发，主动和学生沟通，了解学生的想法，明白学生的焦虑和压力，用学生的眼光看待问题，构建良好的师生关系，这对于减少学生的心理问题有非常明显的作用。这是应用心理学公平理论在高校教育管理中的应用，只有公平、公正的关系才有利于更好地管理学生。

（三）赏识教育

积极心理学中有很多的理论知识，都同时强调用积极发展的眼光看待学生的成长。学生的成长过程本身就具有阶段性、不平衡性、个体差异性，等等，而在这个过程中，需要家庭、学校和社会的耐心和鼓励，帮助学生茁壮成长。赏识教育的含义是尊重、激励、理解发展中的学生，让学生建立自信心，对学校、家长充满信任感。赏识教育在实际教育过程中，还需要根据学生的个体差异性进行操作，对于那些缺乏自信心、内心敏感细腻、缺乏自我效能的学生，要给予充分且积极的肯定，看到这些学生的过人之处，扬长避短，让其逐步建立自信；而对于一些自律性不高的学生，除了要多鼓励，还要利用强化手段，加强对他们的约束。应用心理学的积极作用能够让学生在面对挫折时更加坚强、乐观、敢于挑战困难，同时能找到正确的归因方法，调整心态。赏识教育方法并不是随便夸奖赏识，而是要深刻地挖掘学生的优点进行夸赞，在教育管理过程中调动学生的积极情绪，以达到良好的效果。

三、应用心理学在高校教育中有效应用的措施

（一）以积极心理学为导向建立积极教育体系

高校教育管理者要关心教师的心理发展，组织其多参加心理学培训课程，学习新的教育管理方式，让应用心理学的理论应用到教育管理制度的建设和教育教学方法的探究中。高校将心理教育纳入教育管理制度中，可以推动学生心理健康发展，让学生积极面对学习和生活中的挫折与困难，让学生学会正视自身情绪的变化、学会调节情绪的办法，让学生找到正确的归因方式，将成败归因于不稳定的努力因素。

（二）高校应加大对应用心理学研究的投入

在认识到应用心理学的重要性之后，还需要将应用心理学的理论运用到实际教育活动中，通过不断地尝试和总结制订出把心理学理论运用到实际的方式方法。因此，高校教育管理者应该加大对心理学研究的投入，让教师有机会学习心理学研究的最新成果，掌握教育心理学的方式方法，

了解目前心理学的应用情况。高校还应该建立独立的心理学咨询研究团队，对学校的学生进行深入调研，了解学生的普遍心理情况，及时疏通和开导学生。

（三）掌握教育心理学的具体功能

心理学是以人为主体的研究，可以帮助人们更好地了解身心发展的过程和影响因素。管理者掌握心理学的具体功能，才能在高校教育管理中合理利用心理学以提高管理的质量和水平。管理者要对心理学具体功能有深刻认识，设计与心理成长相关的校本课程，了解学生的内心想法，培养学生正确的人生观、世界观和价值观，提高学生的思想觉悟。

应用心理学在高校教育管理中的运用非常重要，可以帮助高校的师生塑造健康的心理状态，在面对学业成绩、成长烦恼、家庭情况以及各种压力的时候，有合理宣泄的渠道，有可以坚强意志、转移注意力的方式方法。学校教育是人身心发展的主导因素，因此，高校教育要重视学生的心理状态，要合理将应用心理学的方式方法以及基本理论应用到高校教育管理的实际操作中去，积极探索管理方式，从而提高心理学管理的质量。

参考文献

[1] 刘宇，虞鑫，许弘智，等．"双创"背景下创新教育的实践、效果与机制研究 [J]. 现代教育技术，2015，25（11）：106-112.

[2] 陈从军，姚健．双创背景下高校辅导员工作的思考与探索 [J]. 科技创业月刊，2016，29（13）：64-65.

[3] 刘国余．会计双语课程柔性教学模式探析 [J]. 商业会计，2016（24）：119-121.

[4] 杨思林，王大伟，唐丽琼，等．"双创"背景下高校课程考试改革的思考 [J]. 教育教学论坛，2016（46）：77-78.

[5] 许彩霞．创新创业背景下应用型高校人力资源管理专业实践教学体系改革研究 [J]. 鸡西大学学报，2016，16（4）：23-26.

[6] 马一铭．大学生自主创业的困境与对策分析 [D]. 西安：西安理工大学，2015.

[7] 黄杰．"许昌模式"背景下大学生创新创业教育模式探索 [J]. 决策探索，2016（18）：38-39.

[8] 孙海英．"双创"背景下文科大学生创业现状、机遇及对策分析 [J]. 成都航空职业技术学院学报，2016，32（4）：15-18，22.

[9] 张格，高尚荣．以高职生学习动力机制为导向的高职教育教学改革 [J]. 江苏科技信息，2016（34）：37-39.

[10] 吴颖珊．高校教育教学改革的动力机制探讨 [J]. 重庆科技学院学报（社会科学版），2012（01）：165-167.

[11] 曹月盈．高校计算机基础教育创新教学模式探究——评《高校计算机教育教学创新研究》[J]. 教育评论，2017（5）：166.

[12] 荆媛，唐文鹏．新时代下高校思想政治教育教学方法创新研究——以主旋律歌曲为视角 [J]. 中北大学学报（社会科学版），2017，33（1）：65-68.

[13] 周湘林. 以学生学习为核心的高校教师教学评价方法创新研究 [J]. 现代大学教育，2017（1）：93-97.

[14] 华宝元. 教育管理学四大范畴视角下高校体育教学管理创新研究 [J]. 广州体育学院学报，2017，37（1）：107-109.

[15] 王天恒. 从毕业生质量追踪探究高等学校本科教学改革 [D]. 成都：西南交通大学，2007.

[16] 王淼. 我国高校教育改革模式研究 [J]. 教育现代化，2016，3（27）：284-285，288.